Z-KAI

かっこいい小学生になろう

Z会グレードアップ問題集
全科テスト

国語 算数 さきどり理科 さきどり社会

小学
2年

はじめに

Ｚ会は「考える力」を大切にします。

『Ｚ会グレードアップ問題集　全科テスト』は，教科書レベルの問題では物足りないと感じている方・難しい問題にチャレンジしたい方を対象とした学習到達度を確認するテストです。発展的・応用的な問題を中心に，当該学年の各教科の重要事項をしっかり確認できるよう内容を厳選しています。少ない問題で最大の効果を発揮できるように，通信教育における長年の経験をもとに“良問”をセレクトしました。単純な知識・技能の習得レベルを確認するのではなく，本当の意味での「考える力」が身についているかどうかを確認するテストです。

特徴 1

総合的な読解力・情報整理力・思考力・計算力・表現力の定着を確認できる問題構成。

特徴 2

発展的・応用的な問題を多く掲載。重要単元をしっかり学習できる，算数・国語。

特徴 3

３年生に向けて興味・関心を広げる，理科・社会のクイズ。

特徴 4

お子さまを的確にサポートできる，別冊『解答・解説』付き。

もくじ

※「国語」は冊子の後ろ側から始まります。

保護者の方へ

本書は，『Ｚ会グレードアップ問題集』シリーズに取り組んでいない場合でも，実力診断としてお使いいただくことができます。

別冊『解答・解説』16ページに，各教科の単元一覧を掲載していますので，テスト前の確認やテスト後の復習の際にご参照ください。また，『Ｚ会グレードアップ問題集』（別売り）と一緒にお使いいただくと，教科，単元別により多くの問題に取り組むことができて効果的です。

この 本の つかい方

❶ この 本は ぜんぶで 14回 あります。
  すきな 科目の 1から じゅん番に とり組みましょう。

❷ 1回分が おわったら，おうちの人に ○を つけて
  もらいましょう。

❸ ○を つけて もらったら，下の 「学習の 記ろく」に，
  とり組んだ日と とく点を 書きましょう。

❹ とく点の 右に ある めもりに，とく点の 分だけ
  すきな 色を ぬりましょう。

(れい) | 85 点 |

学習の 記ろく

	とり組んだ日	とく点	10	20	30	40	50	60	70	80	90	100
算数1	月 日	点										
算数2	月 日	点										
算数3	月 日	点										
算数4	月 日	点										
算数5	月 日	点										
国語1	月 日	点										
国語2	月 日	点										
国語3	月 日	点										
国語4	月 日	点										
国語5	月 日	点										
理科クイズ1	月 日	☺										
理科クイズ2	月 日	☺										
社会クイズ1	月 日	☺										
社会クイズ2	月 日	☺										

理科クイズに とり組んだら
☺に 顔を かきましょう。

社会クイズに とり組んだら
☺に 顔を かきましょう。

算数

1 かくにん　テスト

学習日　　月　　日　得点　　／100点

1 □に　あてはまる　数《かず》を　書《か》きましょう。(1つ4点)

①

$$\begin{array}{r} 3\ 8 \\ +\ 5\ \square \\ \hline \square\ 4 \end{array}$$

②

$$\begin{array}{r} 8\ \square \\ +\ \square\ 9 \\ \hline 1\ 6\ 4 \end{array}$$

③

$$\begin{array}{r} \square\ 7 \\ -\ 4\ \square \\ \hline 2\ 9 \end{array}$$

2 同《おな》じ　絵《え》が　かかれた　ところには　それぞれ　同《おな》じ　数《かず》が入ります。絵《え》が　かかれて　いる　ところに　入る　数《かず》はいくつでしょう。(□1つ4点)

①

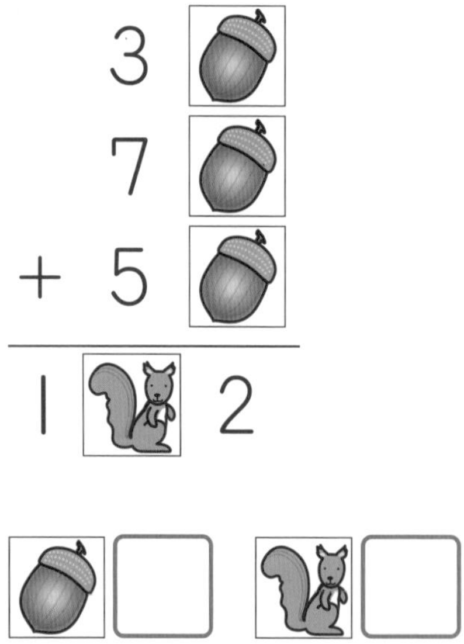

②

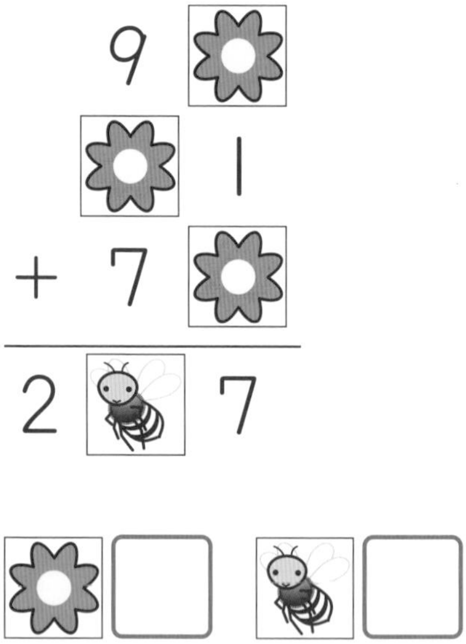

3 □に あてはまる 数《かず》を 書《か》きましょう。（1つ3点）

① 90分《ぷん》＝□時間□分

② 1時間《じかん》55分《ふん》＝□分

③ 3時《じ》の 2時間《じかん》あとの 時《じ》こくは □時です。

④ 7時《じ》20分《ぷん》の 3時間前《じかんまえ》の 時《じ》こくは □時 □分
です。

⑤ 8時《じ》から 9時《じ》20分《ぷん》までの 時間《じかん》は
□時間 □分です。

⑥ 4時《じ》35分《ふん》から 6時《じ》までの 時間《じかん》は
□時間 □分です。

⑦ 7時《じ》の 15分前《ふんまえ》の 時《じ》こくは □時 □分です。

⑧ 午前《ごぜん》11時《じ》から 午後《ごご》3時《じ》までの 時間《じかん》は □時間です。

4 いろいろな 形《かたち》が 方《ほう》がん紙《し》の 上に あります。(1つ8点)

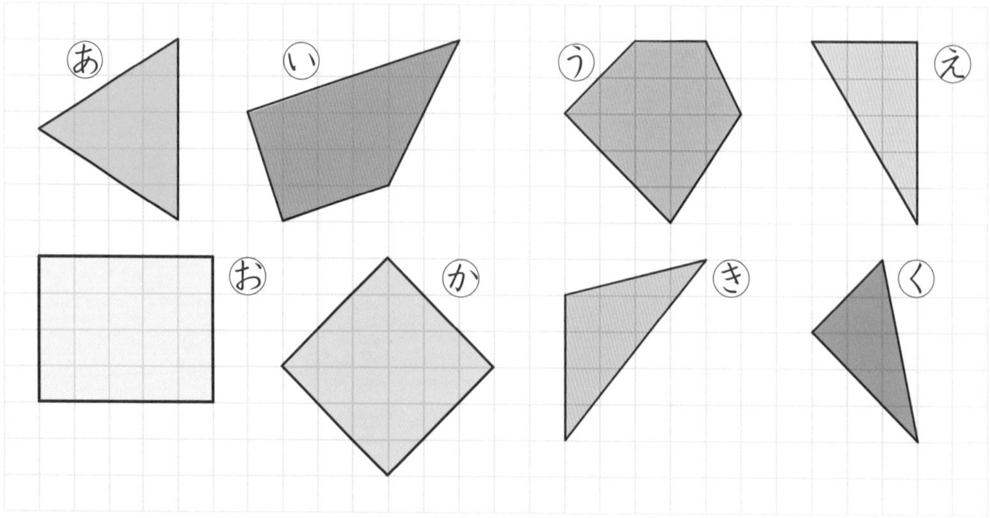

① 四角形《しかくけい》を ぜんぶ さがして，(あ)〜(く)の 記《き》ごうで 答《こた》えましょう。

② 正方形《せいほうけい》を さがして，(あ)〜(く)の 記《き》ごうで 答《こた》えましょう。

③ 直角三角形《ちょっかくさんかくけい》を ぜんぶ さがして，(あ)〜(く)の 記《き》ごうで 答《こた》えましょう。

5　森の　パーティーに　リスと　ウサギと　シカが　あつまりました。リスと　ウサギは　あわせて　53びき　います。ウサギと　シカは　あわせて　62ひき　います。

（式４点・答え４点）

①　リスは　19ひき　います。ウサギは　何《なん》びき　いるでしょう。

しき

答え

②　シカは　何《なん》びき　いるでしょう。

しき

答え

③　リスと　ウサギでは　どちらが　何《なん》びき　多《おお》いでしょう。

しき

答え

算数

2 かくにん テスト

学習日　　月　　日　得点　　／100点

1 色《いろ》が　ぬられて　いる　ところは　ぜんたいの　何分《なんぶん》の一ですか。分数《ぶんすう》で　答《こた》えましょう。（１つ４点）

①
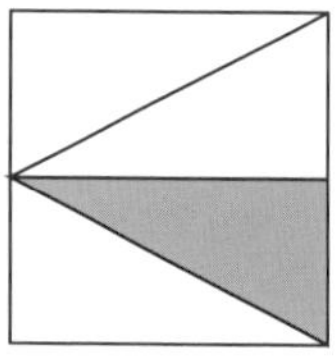

②
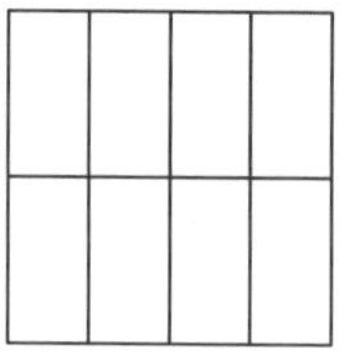

③
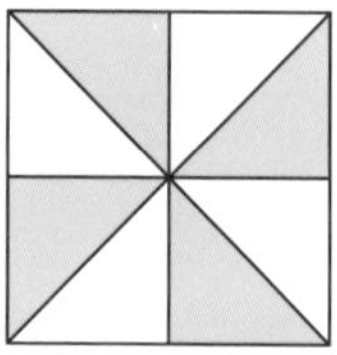

④
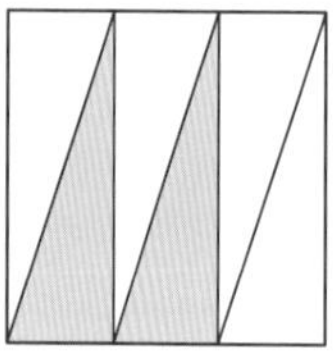

⑤
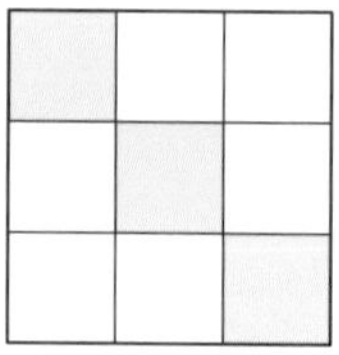

⑥
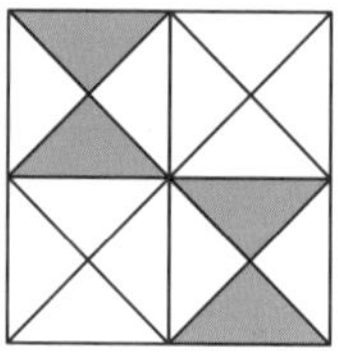

2 下の ように 数《かず》が 書《か》かれた カードが あります。この カードを ならべて 数《かず》を つくりましょう。(1つ6点)

0　2　4　5　7　7　9

① 3まいの カードを つかって 数《かず》を つくります。いちばん 大きい 数《かず》は いくつでしょう。

② 3まいの カードを つかって 数《かず》を つくります。いちばん 小さい 数《かず》は いくつでしょう。

③ 590より 大きく 700より 小さい 数《かず》を つくります。つくる ことが できる 数《かず》を 3つ 答《こた》えましょう。

④ 0, 4, 5 の カードを ぜんぶ つかって 数《かず》を つくります。つくる ことが できる 数《かず》を ぜんぶ 答《こた》えましょう。

3 長《なが》さが　ちがう　4本の　リボンが　あります。それぞれの長《なが》さを　はかると　12cm と　13cm と　14cm と　15cm でした。この　4本の　リボンを　それぞれ　2つに　切《き》って　8本に　しました。切《き》る　前《まえ》は　1本だった　リボンの　組《く》み合《あ》わせを　えらび，線《せん》で　むすびましょう。（1つ3点）

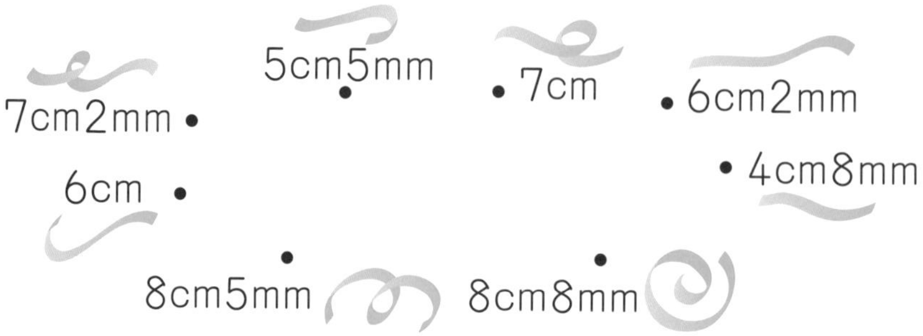

4 □に　あてはまる　＞，＜を　書《か》きましょう。（1つ3点）

① 2L □ 18dL

② 500mL □ 5L

③ 2L7mL □ 2700mL

5 計算《けいさん》を　しましょう。（1つ3点）

① 3L7dL ＋ 6dL

② 3L4dL ＋ 2L6dL

③ 7L5dL － 6L8dL

6 カレンダーが　やぶれて　見えない　ところが　あります。

日	月	火	水	木	金	土
		1	2	3	4	5
6	7	8	9			12

① この　月の　14日は　何曜日《なんようび》ですか。(6点)

② この　月の　19日は　何曜日《なんようび》ですか。(8点)

③ この　月の　26日は　何曜日《なんようび》ですか。(8点)

算数

3 かくにん　テスト

学習日　月　日　得点　／100点

1 計算《けいさん》を　しましょう。（1つ3点）

① 40 ＋ 70

② 160 − 90

③ 7400 − 3400

④ 4400 ＋ 600

2 □に　あてはまる　＞，＜，＝を　書《か》きましょう。（1つ3点）

① 6109 □ 6090

② 3602 □ 3620

③ 46 − 7 □ 46 − 9

④ 1800 ＋ 700 □ 800 ＋ 1700

3 1組《くみ》と　2組《くみ》で　学校の　はたけの　せわを　して　います。
今日《きょう》は　そだてて　いた　さつまいもを　とり入れます。
そのあと　花の　きゅうこんを　うえます。（式6点・答え6点）

① 1組《くみ》で　とり入れた　さつまいもは　80本でした。1組《くみ》と　2組《くみ》で　とり入れた　さつまいもを　あわせると　ぜんぶで　150本でした。2組《くみ》で　とり入れた　さつまいもは　何本《なんぼん》だったでしょう。

しき

答え

② さつまいもを　とり入れた　あと，はたけに　1人　1こずつ　花の　きゅうこんを　うえました。チューリップの　きゅうこんを　うえた　人は　39人で，のこりの　人は　フリージアの　きゅうこんを　うえました。うえた　きゅうこんは　ぜんぶで　57こでした。フリージアの　きゅうこんを　うえた　人は　何人《なんにん》だったでしょう。

しき

答え

4 おり紙《がみ》を 2回《かい》 おって ■の ぶ分《ぶん》を 切《き》りおとしました。のこった ぶ分《ぶん》を 広《ひろ》げると，どのような 形《かたち》に なるでしょう。あてはまる（　）に ○を 書《か》きましょう。(1つ12点)

①

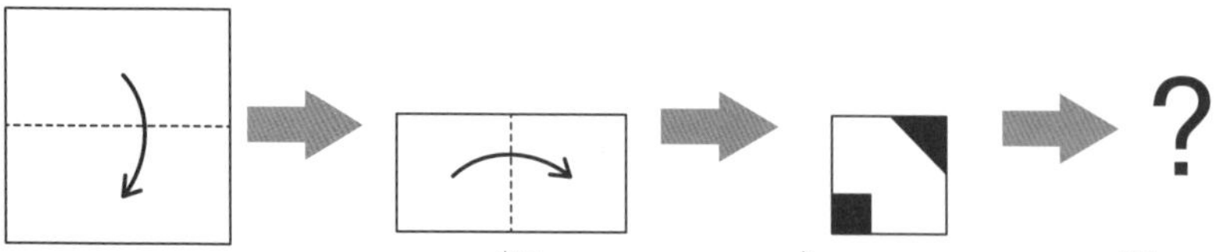

おる　もう 1 回《かい》 おる　切《き》りおとす　広《ひろ》げる

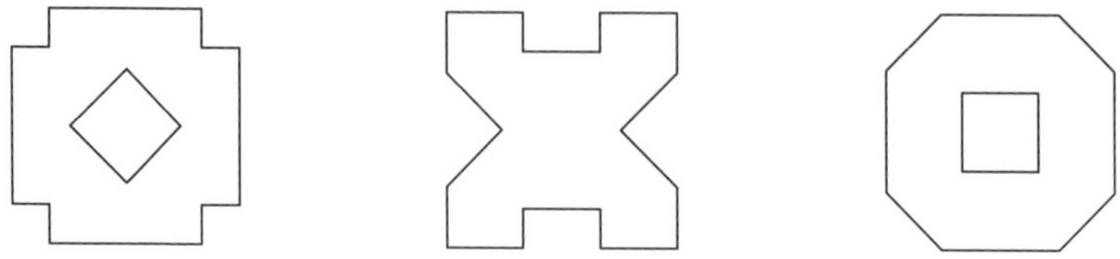

(　　)　(　　)　(　　)

②

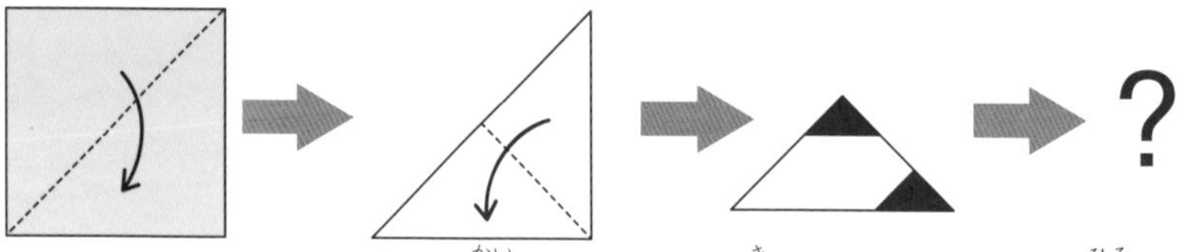

おる　もう 1 回《かい》 おる　切《き》りおとす　広《ひろ》げる

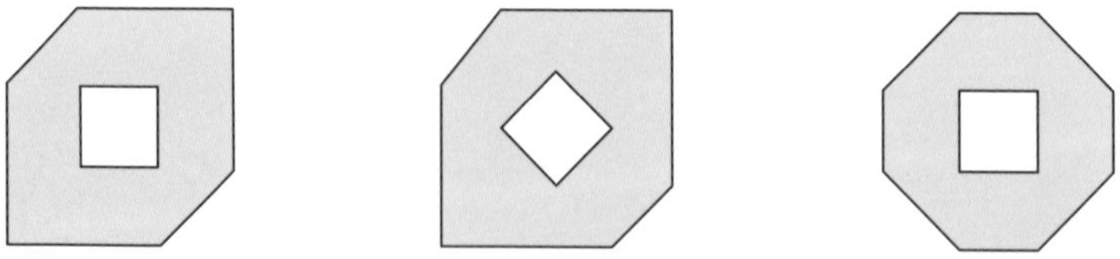

(　　)　(　　)　(　　)

5 ひなたさんは　家《か》ぞくと　さざなみ水ぞくかんに　行《い》きました。さざなみ水ぞくかんでは　シャチショーが　大人気《だいにんき》です。シャチのプールに　行《い》くと，入口に　かんばんと　時計《とけい》が　ありました。

今《いま》の時《じ》こく

シャチショー

ショーの　時間《じかん》は　1回《かい》15分《ふん》
1回目《かいめ》　午前《ごぜん》11時《じ》20分《ぷん》から
2回目《かいめ》　午後《ごご》　1時《じ》20分《ぷん》から
3回目《かいめ》　午後《ごご》　3時《じ》20分《ぷん》から

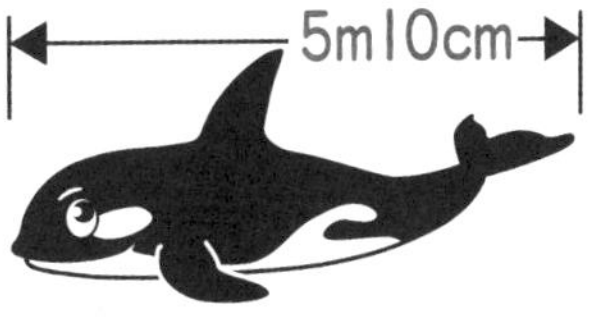

ぼくの　大きさは
5m10cm も　あるんだよ。

① 1日の　シャチショーの　時間《じかん》を　あわせると　何分《なんぷん》でしょう。
（式5点，答え5点）

しき

答え

② 今《いま》の　時《じ》こくから　つぎの　シャチショーが　はじまるまでの時間《じかん》は　何分《なんぷん》でしょう。（8点）

③ ひなたさんの　せの　高《たか》さは　1m25cmです。シャチの大きさと　ひなたさんの　せの　高《たか》さの　ちがいは何《なん》m何《なん》cmでしょう。（式5点，答え5点）

しき

答え

算数

4 かくにん　テスト

学習日　　月　　日　得点　　／100点

1　計算《けいさん》を　しましょう。(１つ３点)

① 8×6

② 3×9

③ 7×7

2　□に　あてはまる　数《かず》を　書《か》きましょう。(１つ３点)

① $6 \times \square = 24$

② $\square \times 7 = 35$

③ $\square \times 5 = 5$

3　答《こた》えが　16に　なる　かけ算《ざん》の　しきに　なるように，□に　あてはまる　数《かず》を　書《か》きましょう。(式１つ４点)

$\square \times \square = 16$　　$\square \times \square = 16$

$\square \times \square = 16$

4　えいたさんは　日曜日《にちようび》に　家《か》ぞくで　ゆう園地《えんち》に　行《い》きます。

（式5点・答え5点）

① えいたさんは　おかしを　買《か》いに　行《い》きました。ポテトチップスに　275円，チョコパイに　345円，クッキーに　250円を　つかいました。おかしは　ぜんぶでいくらになったでしょう。

しき

答え

② ゆう園地《えんち》には　バスと　電車《でんしゃ》に　のって　行《い》きます。お父《とう》さんは，家《か》ぞくの　バスと　電車《でんしゃ》の　きっぷを買《か》いました。バスには　700円かかり，バスと　電車《でんしゃ》であわせて　1900円かかりました。電車《でんしゃ》には　いくらかかったでしょう。

しき

答え

5 いろいろな 形《かたち》の つみ木を つかって 形《かたち》を 作《つく》りました。
形《かたち》を 上から 見たときに どのように 見えるでしょう。
形《かたち》 と 上から 見た とき を 線《せん》で むすびましょう。

（1つ6点）

形《かたち》　　　　上から 見た とき

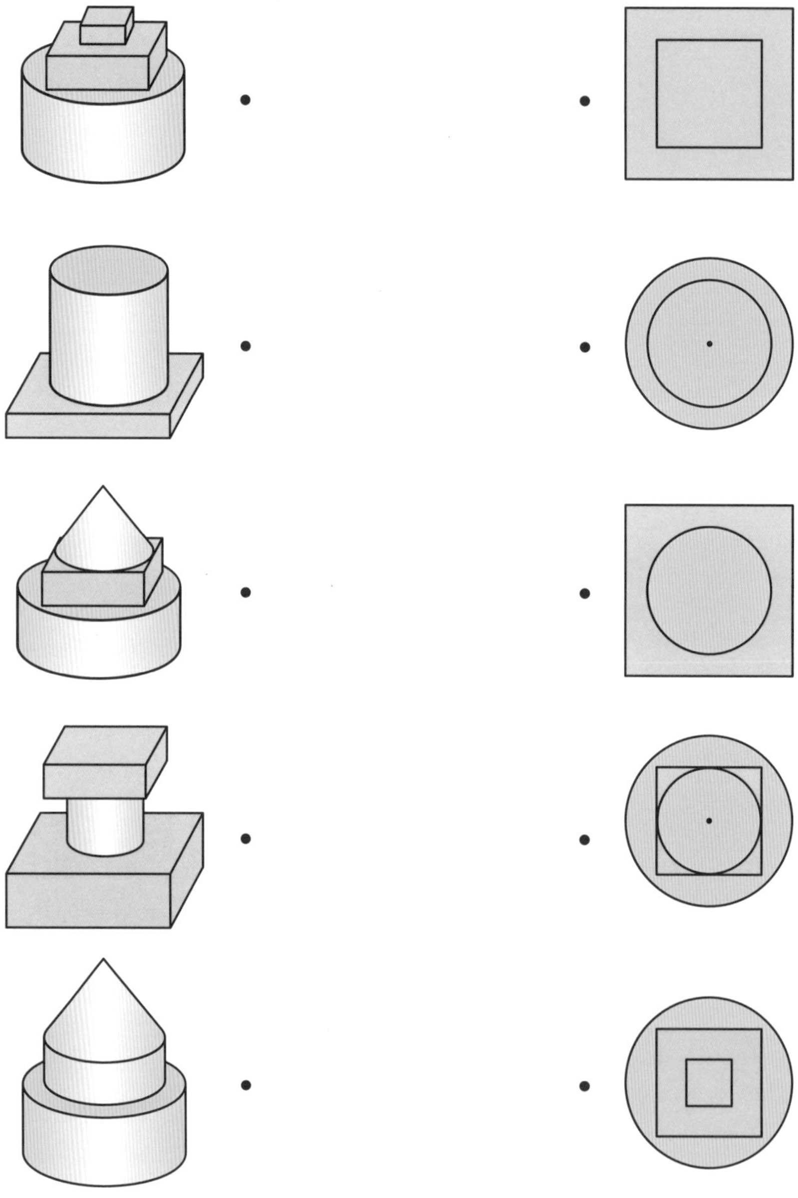

6　学校の　花だんで　そだてて　いた　コスモスの　花が さきました。とても　きれいなので，花びんに　入れて　教室《きょうしつ》で かざることに　しました。花びんは　８つ　あります。

（式５点・答え５点）

① ゆうこさんが　３本ずつ　ぜんぶの　花びんに　コスモスを 入れました。花びんに　入れた　コスモスは　ぜんぶで 何本《なんぼん》でしょう。

しき

答え

② そうたさんが　さらに　２本ずつ　ぜんぶの　花びんに コスモスを　入れました。ゆうこさんと　そうたさんが 花びんに　入れた　コスモスは　あわせて　何本《なんぼん》でしょう。

しき

答え

算数

5 かくにん テスト

学習日　　月　　日　得点　　／100点

1 □に あてはまる 数《かず》を 書《か》きましょう。(1つ3点)

① $4 \times 8 = 4 \times 7 + \square$

② $6 \times 5 = 6 \times \square + 6$

③ $7 \times 10 = 7 \times 9 + \square$

2 □に あてはまる 数《かず》を 書《か》きましょう。(□1つ1点)

① $(3 \times 3) \times 9 = \square \times 9 = \square$

② $7 \times (4 \times 2) = 7 \times \square = \square$

③ $5 \times 6 = 5 \times (2 \times \square)$

3 □に あてはまる 数《かず》を 書《か》き，大きい 数《かず》の かけ算《ざん》を くふうして 計算《けいさん》しましょう。(□1つ2点)

① $24 \times 2 = 8 \times \square \times 2 = 8 \times \square$

だから，$24 \times 2 = \square$

② $3 \times 14 = 3 \times 2 \times \square = 6 \times \square$

だから，$3 \times 14 = \square$

4　このみさんと　ゆうたさんの　クラスでは　水そうで　金魚《きんぎょ》を　かって　います。今日《きょう》は　水そうの　そうじを　します。

（式５点・答え５点）

①　そうじを　はじめる　前《まえ》に，このみさんが　水そうの　中の　金魚《きんぎょ》を　バケツに　うつして　います。27ひき　うつしましたが　まだ　水そうに　18ひき　のこって　います。金魚《きんぎょ》は　ぜんぶで　何《なん》びき　いるでしょう。

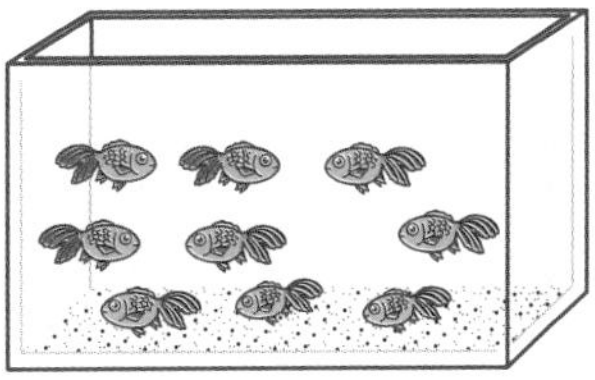

しき

答え

②　このみさんが　金魚《きんぎょ》を　ぜんぶ　うつしました。つぎに　水そうの　水を　ぜんぶ　くみ出して　水そうを　からに　します。ゆうたさんが　バケツで　水そうから　水を　48L　くみ出しましたが，まだ　水そうに　水が　15L　のこって　います。さいしょに　水そうに　入って　いた　水は　何《なん》L　だったでしょう。

しき

答え

5　おもてと　うらが　同《おな》じ　もようの　紙《かみ》を　つかって
さいころの　形《かたち》を　つくります。できる　形《かたち》の　（　　）に　○を
書《か》きましょう。（1つ12点）

やり方《かた》

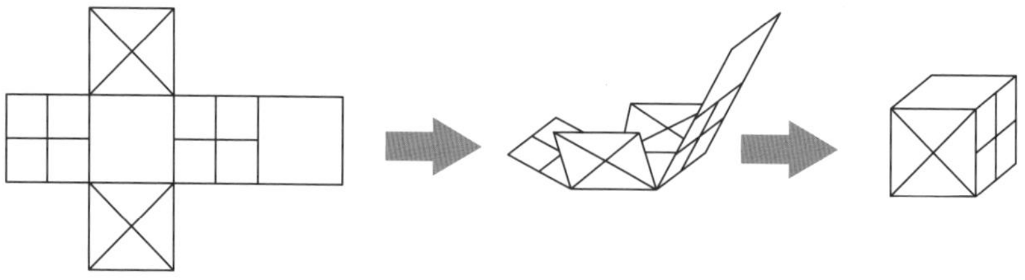

①

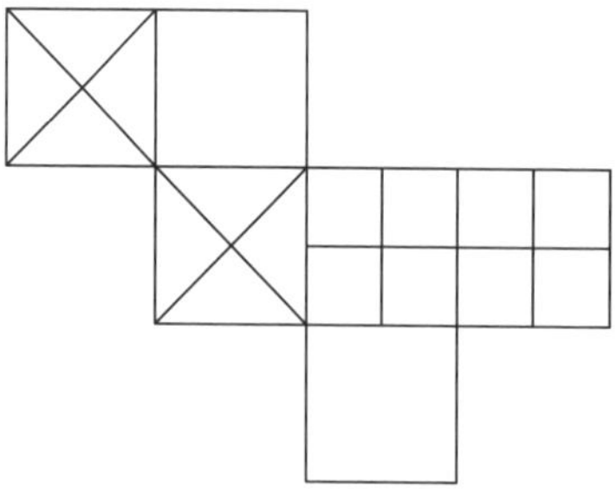

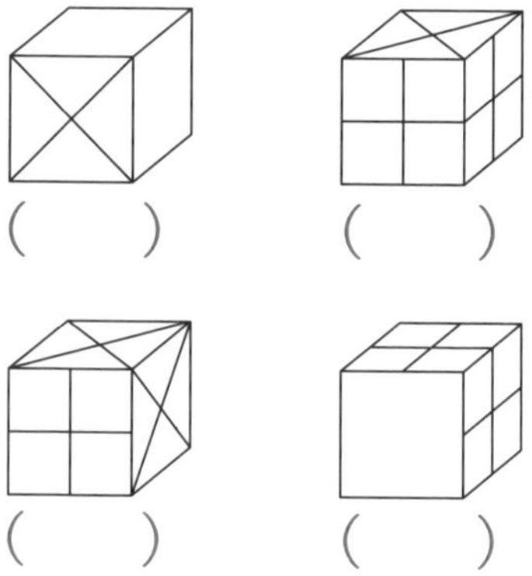

②

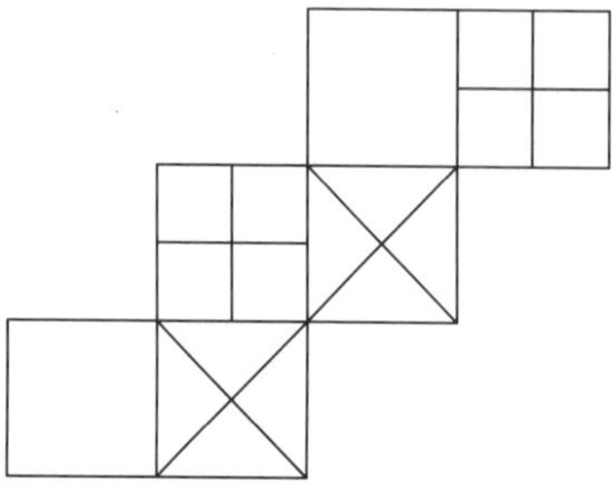

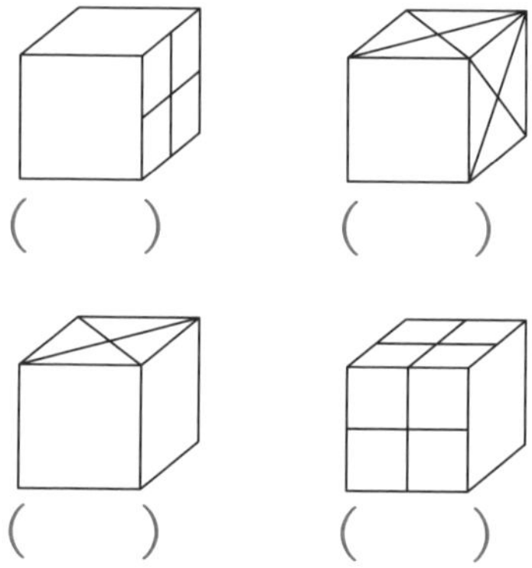

6　今日《きょう》から　春休《はるやす》みです。まなみさんは　家《か》ぞくと　りょ行《こう》に出かけました。まなみさんが　のった　新《しん》かん線《せん》は午前《ごぜん》10時《じ》50分《ぷん》に　東京《とうきょう》えきを　出発《しゅっぱつ》しました。

出発《しゅっぱつ》すると　すぐ　東京《とうきょう》タワーが　見えました。お父《とう》さんが「東京《とうきょう》タワーの　高《たか》さは　333mだよ。」と　教《おし》えて　くれました。

お昼《ひる》ごはんは　車内《しゃない》で　食《た》べることに　しました。1300円のとんかつべんとうと　1200円の　チキンライスべんとうと800円の　サンドイッチを　1つずつ　買《か》いました。

新《しん》かん線《せん》は　京都《きょうと》えきに　午後《ごご》1時《じ》10分《ぷん》に　つきました。えき前《まえ》に　白い　とうが　たって　いました。京都《きょうと》タワーという名前《なまえ》の　とうで，高《たか》さは　131mだそうです。

① まなみさんが　新《しん》かん線《せん》に　のって　いた　時間《じかん》は何時間何分《なんじかんなんぷん》でしょう。（10点）

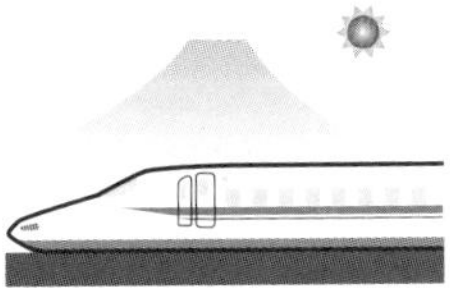

② お昼《ひる》ごはんを　買《か》うのに，ぜんぶで　何円《なんえん》　かかりましたか。

（式5点・答え5点）

しき

答え

③ 東京《とうきょう》タワーは　京都《きょうと》タワーより　何《なん》m　高《たか》いでしょう。

（式5点・答え5点）

しき

答え

りか

1 りか クイズ

学習日　　月　　日

1　ひろとさんと　まさみさんの　絵日記《えにっき》が　ばらばらに
なってしまいました。それぞれの　絵日記《えにっき》が　こん虫の　そだつ
じゅん番《ばん》に　なるように　**スタート**から　**ゴール**まで
行《い》きましょう。同《おな》じ　道《みち》は　2回《かい》　通《とお》れません。

モンシロチョウの　絵日記《えにっき》が
ばらばらに　なって　しまったよ。

スタート

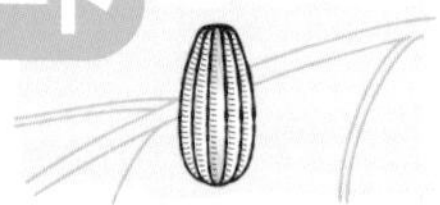

はの　うらに　ついて
いました。黄色《きいろ》で　とても
小さいです。

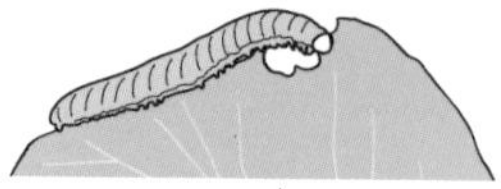

はを　もりもり　食《た》べて　いま
した。はと　同じ　みどり色《いろ》
だったので　さいしょは
気がつきませんでした。

草むらに　いました。
キチキチと　音《おと》を　たてて
とんで　いきました。

ゴール

きょ年　見た　バッタより　ずっと
小さいです。　でも　からだの
かたちは　そっくりです。

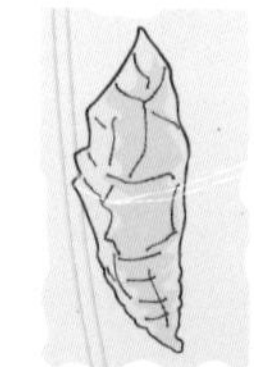

ぜんぜん
うごきません。
何《なに》も
食《た》べません。

みどり色《いろ》の
さなぎから
どうして　白色《しろいろ》に
かわるのか
ふしぎです。

ゴール

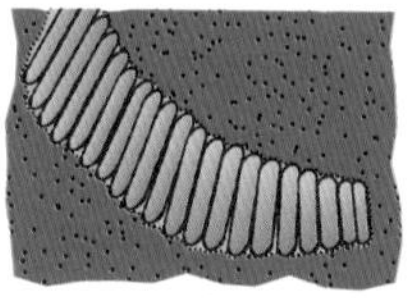

土の　中に　茶色《ちゃいろ》の　たまごが
ありました。

スタート

ショウリョウバッタの　絵日記《えにっき》の
じゅん番《ばん》が　わからなく　なったわ。

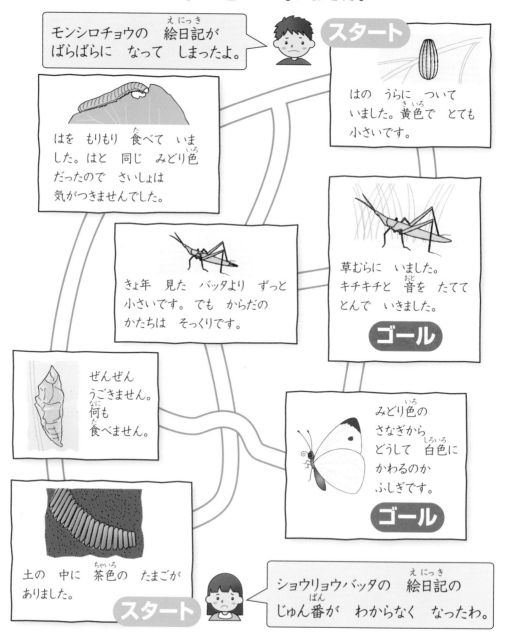

2　しいなさんと　つかささんは，生きものの　からだの　つくりに　ついて　しらべました。つぎの　もんだいに　こたえましょう。

①　したの　生きものには　あしが　かかれていません。
生きものと　あしの　数《かず》が　正しい　組《く》み合《あ》わせに　なるように，
――で　むすびましょう。

ダンゴムシの　あしは　クモより　多《おお》かったよ。
こん虫は，あしが　６本　ある　生き物だよ。

モンシロチョウ　　ダンゴムシ　　クモ

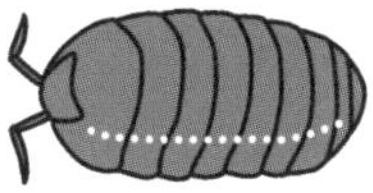

・　　・　　・

・　　・　　・

あしは，６本。　　あしは，８本。　　あしは，１４本。

②　あしの　はえかたが　正しい　カブトムシを　１つ
えらんで，□に　○を　書《か》きましょう。

こん虫の　からだは，頭《あたま》・むね・はらの　３つの
ぶ分《ぶん》に　分《わ》かれて　いたよ。あしは　１つの
ぶ分《ぶん》に　はえて　いたよ。

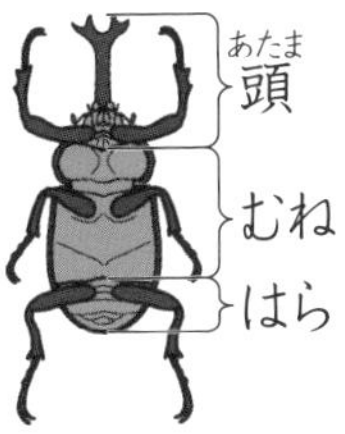

□

□

□

3 水は　しぜんの　中で　すがたを　かえながら　いつも　たびを
して　います。つぎの　文を　読《よ》んで　水たまくんが　たびを
した　じゅん番《ばん》に　なるように　**スタート**から　**ゴール**まで
行《い》きましょう。同《おな》じ　道《みち》は　2回《かい》　通《とお》れません。

たびの　思《おも》い出

ぼくは　はじめ　海《うみ》に　いました。

あるとき　じょうはつして　水じょう気の
すがたに　なって　海《うみ》から　空へ　のぼって　いきました。

やがて　空で　ひえて　水や　こおりの　つぶの
すがたに　かわり，しばらく　空に　うかんで　いました。

そのあと　地上《ちじょう》に　おちて　地《じ》めんを　ながれたあと
川に　出ました。

そして　ゆっくり　ながれて　海《うみ》に　帰《かえ》って　きました。

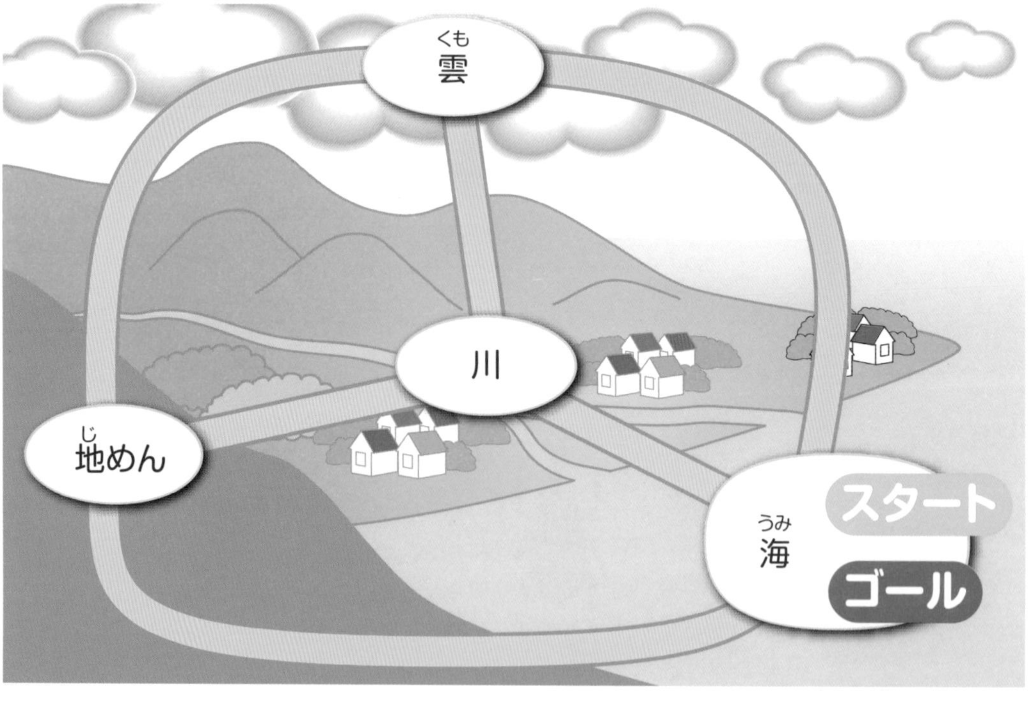

4　まこさんと　あつやさんが　はくぶつかんで　地《ち》そうの　もけいを　見学しています。
（　　　）の　中から　正しい　ことばを　１つずつ　えらんで，○で　かこみましょう。

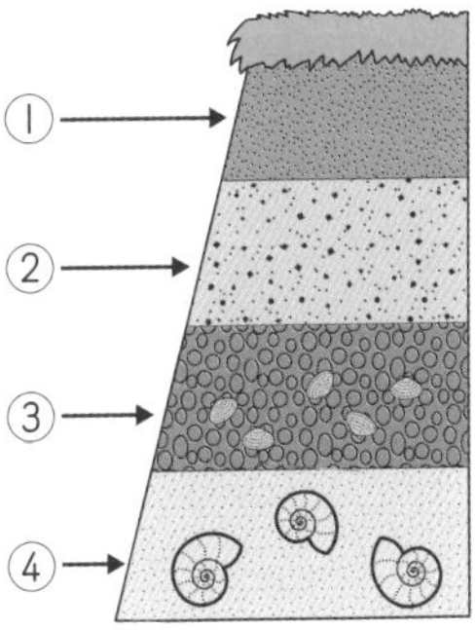

①

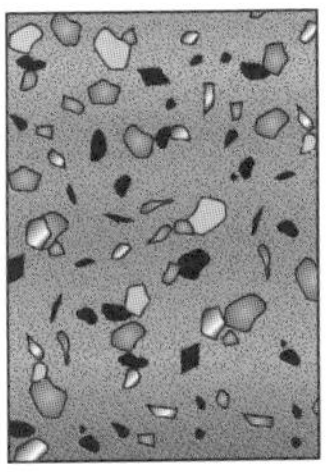

火山が　ふん火して　できた　地《ち》そうだね。

火山ばいが　つもって　できて　いるんだって。

中の　つぶが　（　角《かど》ばって・丸《まる》くなって　）　いるね。

②

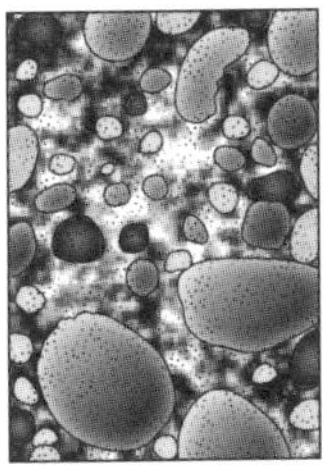

小石（れき）や　すなや　どろが　つもって　できた　地《ち》そうだね。

中の　つぶが　（　角《かど》ばって・丸《まる》くなって　）　いるね。

石と　石が
（　川を　ながれるときに・海《うみ》に　しずんでから　）
ぶつかりあって　こうなるそうだよ。

③

アサリの　か石《せき》が　あるね。アサリの　か石《せき》が　あると　ここが　むかし　どんな　場《ば》しょだったのか　わかるんだよ。

どんな　場《ば》しょだったのかな。

ヒントは，しおひがりだよ。

わかったよ。この　地《ち》そうが　できた　ところは
（　あさい・ふかい　）　海《うみ》だったんだね。

④

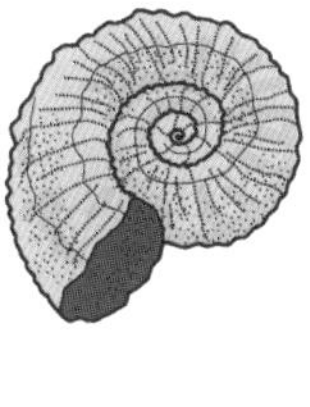

この　ぐるぐるの　石は　何《なに》かな。

アンモナイトの　か石《せき》だよ。

その　名前《なまえ》，聞《き》いたことが　あるよ。

（　むかしの・今《いま》も生きている　）　生きものだね。

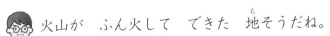

りか

2 りか　クイズ

学習日　　月　　日

1　こん虫が，自分《じぶん》の　すんで　いる　ところを　話《はな》して　います。話して　いる　ないようと　こん虫が　あう　ように　――で　むすびましょう。

キャベツが　大こうぶつだよ。たまごから　よう虫，さなぎと　ずっと　キャベツに　くっついて　いるよ。　・

よう虫の　ときは　何《なん》年も　土の　中で　くらすんだ。夏《なつ》の日の　夕方《ゆうがた》に　地上《ちじょう》に　出て　せい虫に　なるよ。ぬけがらを　のこして　いるから　見つけてね。　・

せい虫に　なるまで　土の　中で　くらして　いるよ。よう虫の　すがたなのは　9 か月　くらいだよ。　・

水の　中で　すごす　ことが　あるのは　この中では　わたしだけだよ。　・

・ 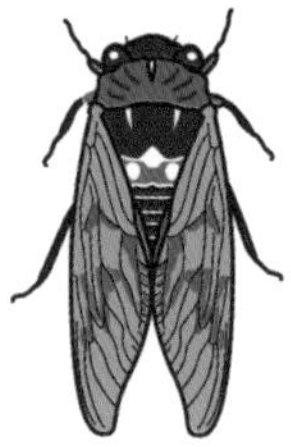

アブラゼミ

・ 

ギンヤンマ

・ 

モンシロチョウ

・ 

カブトムシ

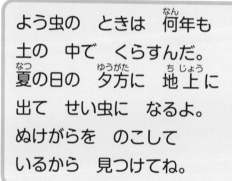

2　てんびんを　つかって　おもさくらべを　しました。

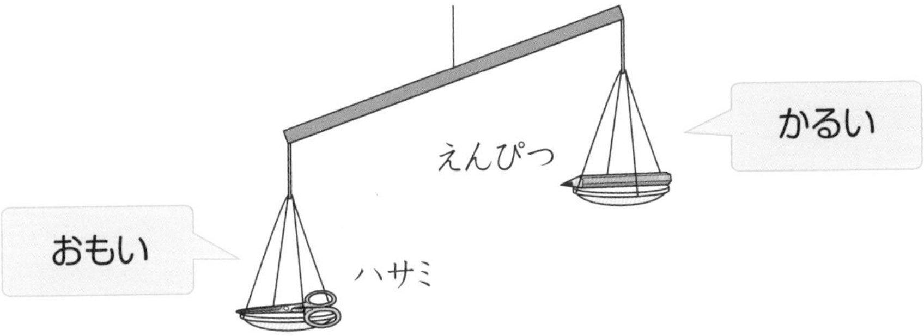

①　おもい　ものは　どちらですか。□ に　○を　書《か》きましょう。

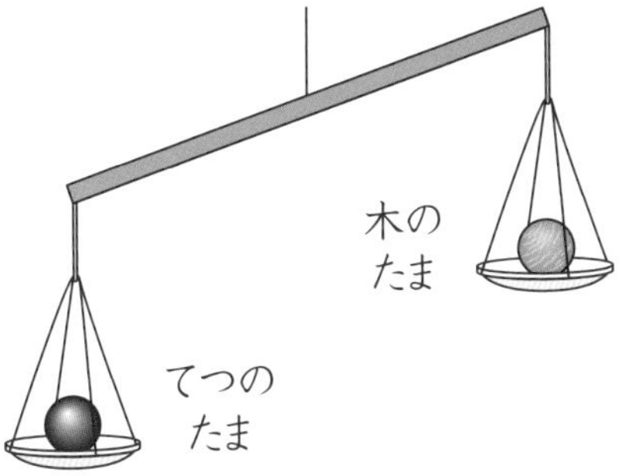

てつの　たま □

木の　たま □

②　いちばん　おもい　ものは　どれですか。□ に　○を
書《か》きましょう。

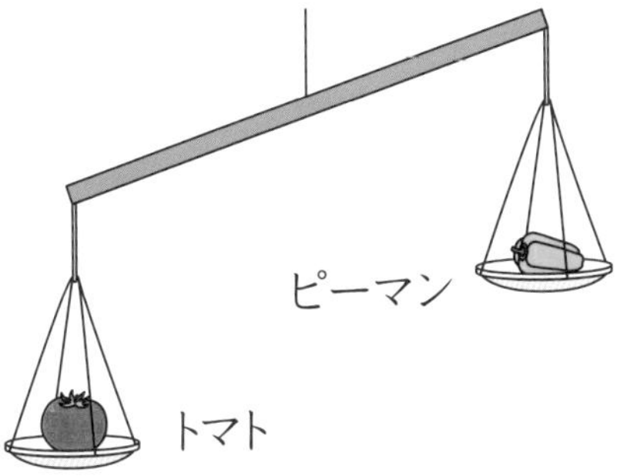

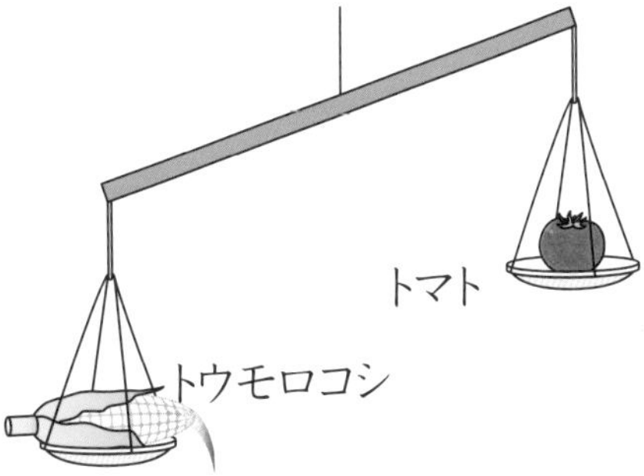

トマト □　ピーマン □　トウモロコシ □

3 だいきさんは　家《いえ》に　あった　いろいろな　ざいりょうを　つかって　船《ふね》を　作《つく》り，　たらいに　うかべました。

船《ふね》に　じしゃくを　とりつけ　船《ふね》の　前《まえ》の　ほうに　いろいろな　ものを　近《ちか》づけました。だいきさんの　ほうに　むかって　すすむ船《ふね》は　どれですか。□に　○を　書《か》きましょう。

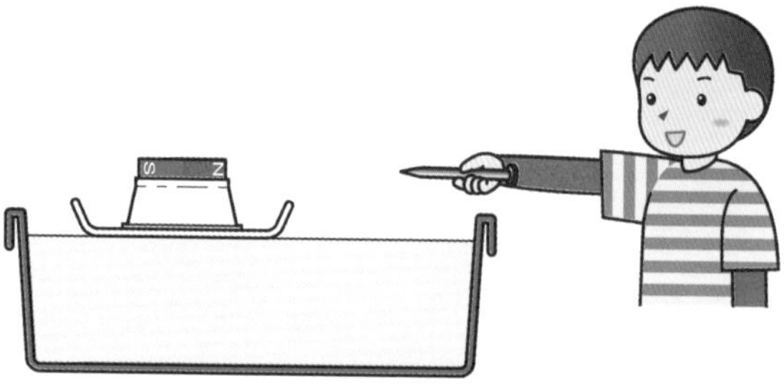

てつの　くぎを　近《ちか》づける

□

木の　ぼうを　近《ちか》づける

□

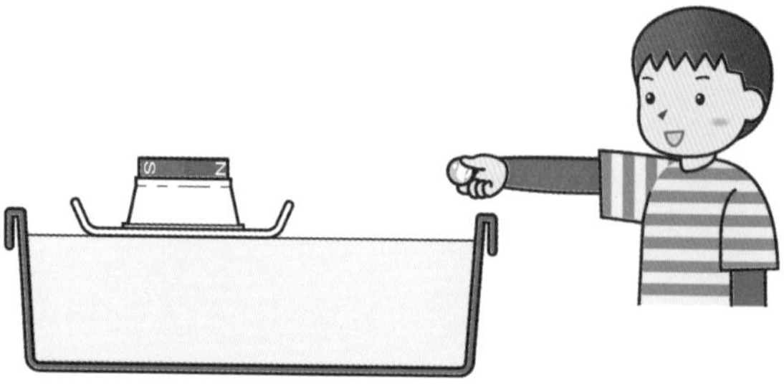

ビー玉を　近《ちか》づける

□

4 いろいろな　ざいりょうを　つかって　おもちゃを　作《つく》りました。

① 風《かぜ》を　当《あ》てて　うごかす　おもちゃは　どれですか。2つ　えらんで　□　に　○を　書《か》きましょう。

□

□

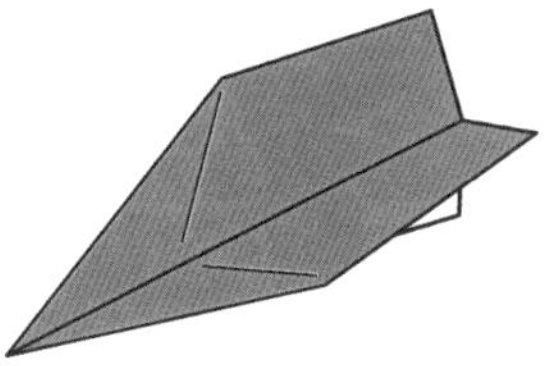
□

□

② おもちゃの　車を　作《つく》りました。ゴムを　引《ひ》っぱって　はなすと　ゴムの　力で　車が　前《まえ》に　うごきます。遠《とお》くまで　うごかすには　どうすれば　よいですか。2つ　えらんで　□　に　○を　書《か》きましょう。

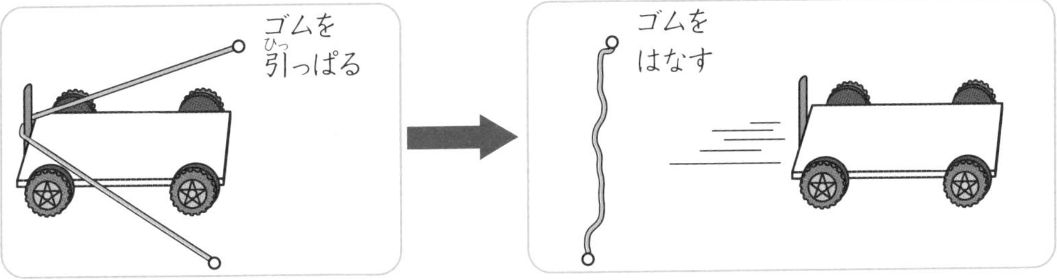

□ はじめに　ゴムを　引《ひ》っぱる　長《なが》さを　みじかくする。

□ ゴムを　２本　つかう。

□ はじめに　ゴムを　引《ひ》っぱる　長《なが》さを　長《なが》くする。

しゃかい

1 しゃかい　クイズ

学習日　　月　　日

1　スーパーマーケットの　野《や》さいと　くだものの　売《う》り場《ば》です。それぞれの　ねふだに　書《か》かれている　ことについて，あとの　もんだいに　答《こた》えましょう。

① この　売り場の　ねふだに　書かれて　いる　ことから　わかる　ことで　正しい　ものには　○を，まちがって　いる　ものには　×を　つけましょう。

（　　）この　売り場の　さつまいもは　さいたまけんで　作《つく》られて　いる。

（　　）この　売り場では，日本《にほん》で　作られて　いる　ものの　中で，米が　いちばん　ねだんが　高《たか》い。

（　　）外国《がいこく》から　はこんで　きた　くだものや　野さいが　売られて　いる。

（　　）作るために　何《なん》か月《げつ》　かかったかが　わかる。

② ほっかいどうが　さん地《ち》の　しなものを　２つ，□の　中に　書きましょう。

□　□

③ 外国から 船《ふね》や　ひこうきで　日本に　はこんで　きた　ものが　２つ　あります。その　しなものの　名前《なまえ》を□の　中に　書きましょう。

□　□

④ さん地が　ちがう　２つの　ぶどうの　ねふだを　見ると，どんな　ちがいが　わかりますか。ちがいを□の　中に　書きましょう。

□

2　お米《こめ》が　できるまでの　しごとや　田んぼの　ようすを
カレンダーに　まとめました。また，それぞれの　時《じ》きの
ようすを　下の　**ア〜カ**の　6まいの　絵《え》に　かきました。

米づくりカレンダー	
3月	いねの　なえを　そだてる。
4月	田んぼを　たがやす。
5月	
6月	ざっ草を　ぬいたり　ひりょうを　まいたり　する。
8月	いなほが　出て　いねが　みのり　はじめる。
9月	みのった　いねを　かりとる。

ア

イ

ウ

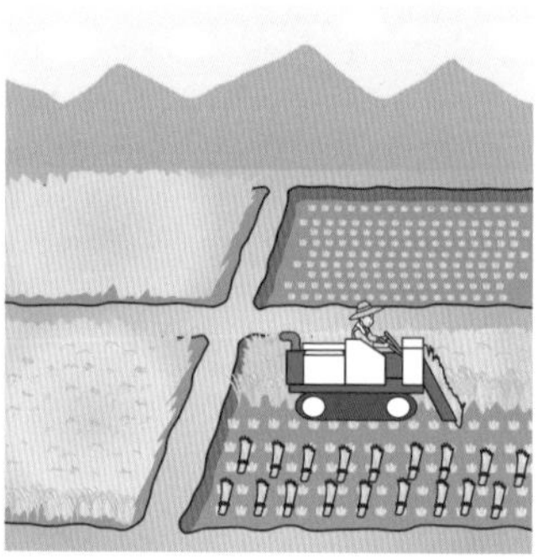

エ

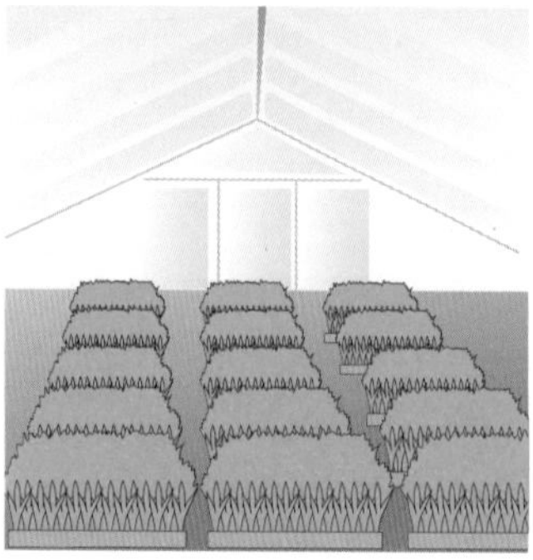

オ

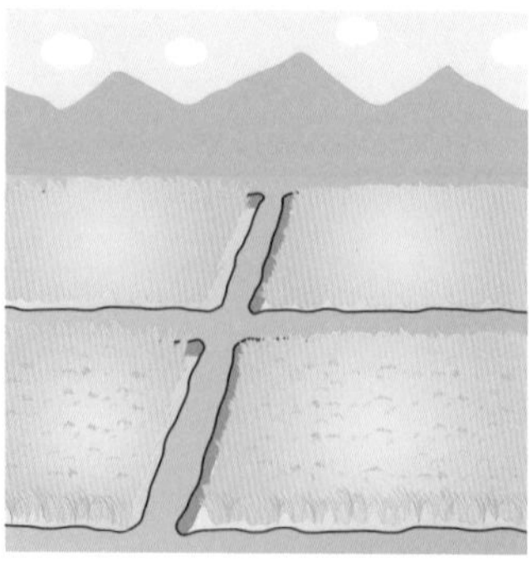

カ

22TS68

2022年度 小学生向け

Z会の通信教育のご案内

3つのアプローチで
「考える力」を育みます

おためし教材
さしあげます!
くわしくは最終ページへ!

お子さまに
寄り添う
個別指導

品質に
こだわり抜いた
教材

学習への
意欲を高める
しくみ

Z会は顧客満足度 No.1!

3年連続受賞　　2年連続受賞

Z会の通信教育 小学生向けコースはイード・アワード 2020「通信教育」小学生の部・小学生タブレットの部にて総合満足度最優秀賞を受賞しました。
株式会社イード https://www.iid.co.jp/

Z会
の通信教育

目標や目的に合わせて、一人ひとりに最

小学生コース

1〜6年生

いつの間にか実力がついている。
それは「考える力」の成果です。

1・2年生

シンプルかつ上質な教材で勉強の楽しさを味わいながら、学習習慣を身につけます。国語・算数、Z会オリジナル教科「経験学習」とデジタル教材の英語、プログラミング学習をセットで。さらに思考力をきたえるオプション講座もご用意しています。

セット受講	国語 算数 経験学習 デジタル教材 英語 プログラミング学習
オプション講座	みらい思考力ワーク

Z会員の
98.9%*
が教材の質に満足！
＊2021年度小学生コース会員アンケートより

3・4・5・6年生

教科書の内容をおさえながら、ひとつ上の知識や応用問題も盛り込んだ学習で、確かな学力と自分で考えて答えを導き出す力を養っていきます。主要4教科や英語に加え、目的に応じた専科講座など、あらゆる学びに対応。お子さまひとりで取り組めるシンプルかつ質の高い教材で、学習習慣も自然に定着します。

本科	国語 算数 理科 社会 英語 5・6年生 デジタル教材 プログラミング学習
専科	3・4年生 英語 思考・表現力 5・6年生 作文 公立中高一貫校適性検査 6年生 公立中高一貫校作文

※1教科・1講座からご受講いただけます。

公立中高一貫校対策もできる！
2021年度合格実績（抜粋）

小石川中等教育学校	33名
都立武蔵高等学校附属中学校	33名
都立白鷗高等学校附属中学校	36名
桜修館中等教育学校	47名
三鷹中等教育学校	37名
土浦第一高等学校附属中学校	8名
千葉県立千葉中学校	13名
千葉県立東葛飾中学校	9名
横浜サイエンスフロンティア高等学校附属中学校	16名
相模原中等教育学校	32名
西京高等学校附属中学校	12名

その他の公立中高一貫校にも多数合格！

※Z会員合格者数は、小学6年生時に以下の講座を受講した方の集計です。Z会通信教育・Z会映像授業・Z会プレミアム講座、Z会の教室本科・講習、および提携塾のZ会講座。
※内部進学は除きます。
（2021年7月31日現在判明分）

最新の合格実績は Z会 合格実績 検索

適な教材・サービスをご用意しています。

小学生タブレットコース

1～6年生

Z会ならではの良問に タブレットで楽しく取り組める コースです。

自動丸つけ機能や正答率に応じた難度の出し分け機能を活用し、Z会の「本質的で『考える力』を養う学び」を、より取り組みやすい形でお子さまにお届け。デジタルならではの動きを伴った教材で視覚的に学ぶことができ、理解が深まります。「自分でわかった」の積み重ねが自信ややる気を引き出し、自ら学ぶ姿勢を育みます。

Z会員の
96.6%*
が今後も続けたい！
※2021年度小学生タブレットコース会員アンケートより

1～2年生セット受講
国語　算数　みらいたんけん学習
英語　プログラミング学習

3～6年生セット受講
国語　算数　理科　社会
英語　プログラミング学習
〔3年〕未来探究学習　〔4-6年〕総合学習

※小学生タブレットコースの受講には、タブレット端末等のご用意が必要です。

中学受験コース

3～6年生

[トータル指導プラン]

受験直結の教材と指導で 難関中学合格の実力を養います。

難関国私立中学の入試を突破できる力を、ご自宅で養うコースです。お子さまの発達段階を考慮して開発したオリジナルカリキュラムで、効率よく学習を進めていきます。
映像授業による解説授業など、全学年ともタブレットを用いたデジタルならではの機能で、理解と定着を強力サポート。記述力は、従来どおり自分の手で書く積み重ねと、お子さまの理解度に合わせた手厚い添削により、常に最善の答案を練り上げられるように指導します。さらに6年生の後半には、より実戦的な専科もご用意し、合格へ向け万全のバックアップを行います。

※要点学習に特化したプランもあります。

本科
国語　算数　理科　社会
※中学受験コース本科の受講には、タブレット端末等のご用意が必要です。
※1教科からご受講いただけます。

専科
6年生のみ
頻出分野別演習　志望校別予想演習

2021年度合格実績（抜粋）

筑波大学附属駒場中学校	21名
開成中学校	32名
麻布中学校	23名
桜蔭中学校	15名
豊島岡女子学園中学校	25名
渋谷教育学園幕張中学校	40名
聖光学院中学校	16名
フェリス女学院中学校	6名
東海中学校	9名
清風南海中学校	8名
西大和学園中学校	23名
神戸女学院中学部	5名
灘中学校	10名

その他の難関国私立中学にも多数合格！

※Z会員合格者数は、小学6年生時に以下の講座を受講した方の集計です。Z会通信教育・Z会映像授業・Z会プレミアム講座、Z会の教室本科・講習、および提携塾のZ会講座。
※内部進学は除きます。
（2021年7月31日現在判明分）

最新の合格実績は　Z会　合格実績　検索

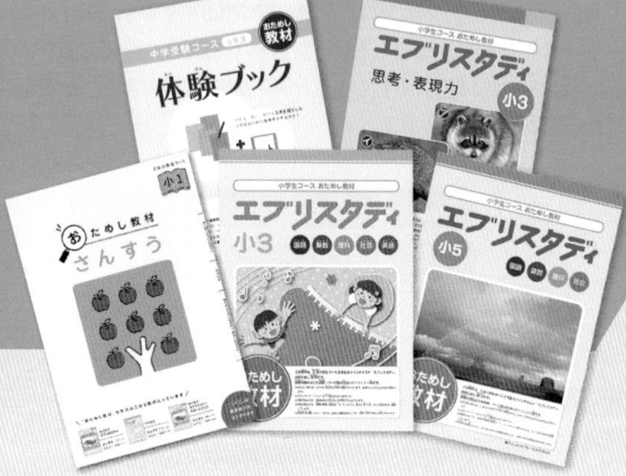
中学受験コース
おためし教材
体験ブック
小学生コース おためし教材
エブリスタディ
思考・表現力
小3
小1
おためし教材
さんすう
エブリスタディ
小3
おためし教材
エブリスタディ
小5
おためし教材

① 米づくりカレンダーの □に 入る 5月の しごとを 正しく せつ明《めい》 して いる 文を 1つ えらんで，（　）の 中に○を 書きましょう。

（　　）いねが 虫に 食《た》べられないように くすりを まく。
（　　）田んぼに 水を 入れて いねの なえを うえる。
（　　）もみがらを とりのぞいて 白い お米に する。

② 6まいの 絵を お米が できるまでの じゅん番《ばん》に ならべます。正しい じゅん番に なるように，**ア〜カ**の 記ごうを，□の 中に 書きましょう。

□ → □ → □ → □ → □ → □

③ つぎの しごとを するのは 何月《なんがつ》ですか。 あてはまる 月を，（　）の 中に 書きましょう。

（　　月）ビニールハウスで たねもみを まいて，いねの なえを そだてる。
（　　月）きかいを つかって いねを かりとり，しゅうかくを する。

しゃかい

2 しゃかい　クイズ

学習日　　月　　日

1　2まいの　絵《え》を　見て，今《いま》の　学校に　ない　ものを　下の　8まいの　絵からえらんで，（　）の　中に　○を　書《か》きましょう。

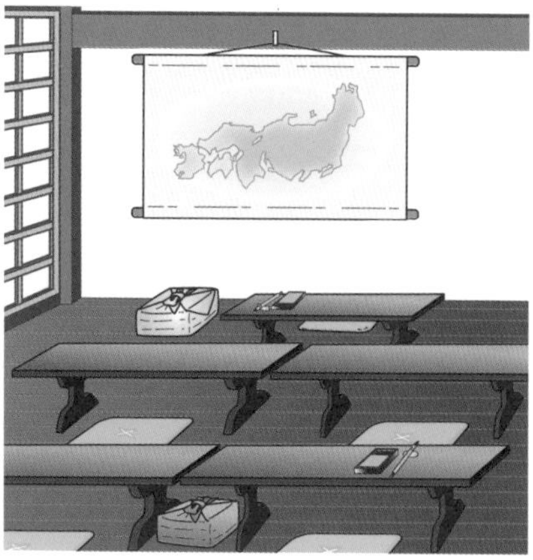

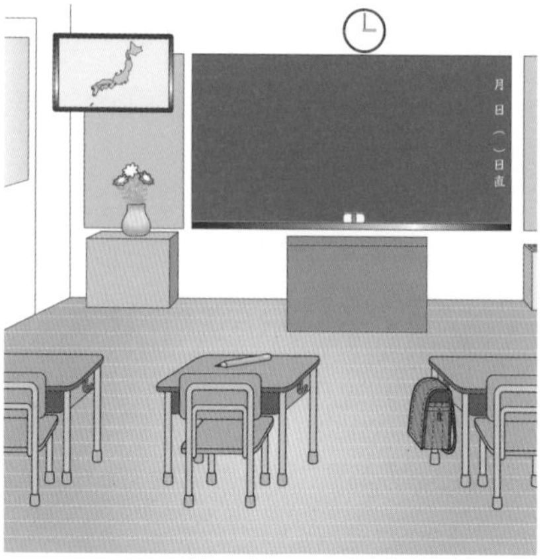

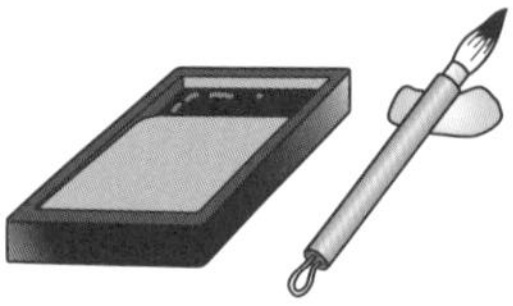

（　　）

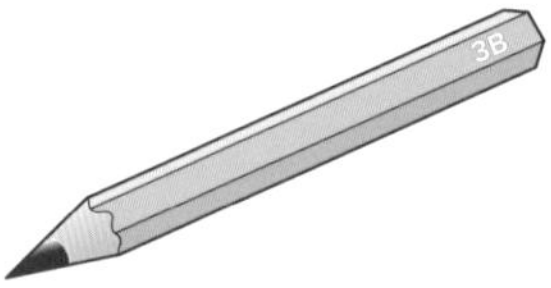

（　　）

（　　）

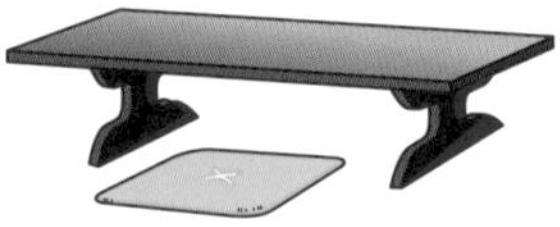

（　　）

（　　）

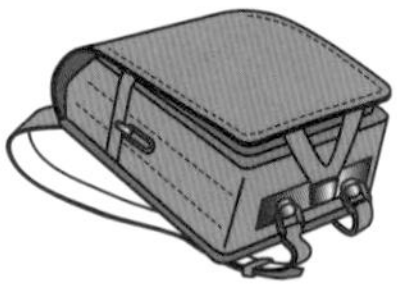

（　　）

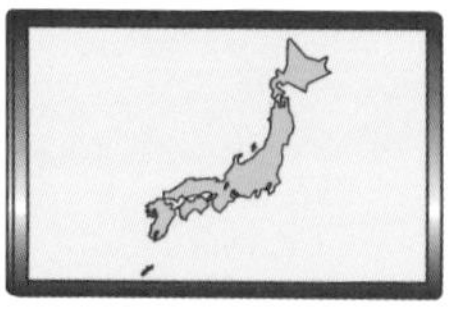

（　　）

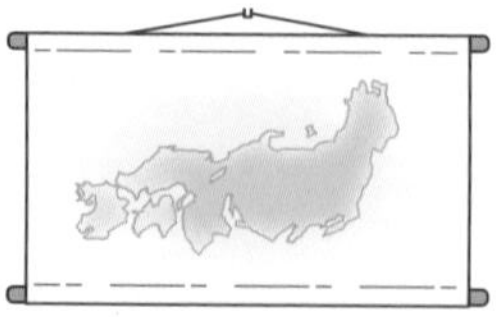

（　　）

2 **ア～ウ**の　絵を　見て，あとの　もんだいに　答《こた》えましょう。

① 絵の　ふくに　合《あ》う　せつ明《めい》を　えらんで，――― で
むすびましょう。

ア

へいあん時《じ》だいの　き
ぞくの　ふくそうで
す。きものを　なんま
いも　かさねて　きて
います。

イ

やよい時だいの　ふく
そうです。この　絵の
ふくは　1まいの　ぬ
のに　頭《あたま》を　通《とお》す　あ
なを　あけたものです。

ウ

えど時だいの　ぶしと
よばれる　人の　ふく
そうです。きものを
きて，はかまを　はい
て　います。

② ①に　ある　3まいの　絵を　古《ふる》い　ものから　新《あたら》しい
ものへ　じゅん番《ばん》に　ならべます。　正しい　じゅん番に
なるように，**ア～ウ**の　記《き》ごうを，□の中に　書きましょう。

□ → □ → □

3　日本の　いろいろな　ぎょうじの　絵《え》の　ポスターを　作《つく》って　います。あとの　もんだいに　答《こた》えましょう。

①　つぎの　絵を　ポスターの　あいている　ところに　はります。何月《なんがつ》の　ところに　はると　よいでしょう。あてはまる　月を，（　）の　中に　書《か》きましょう。

（　　　月）

（　　　月）

（　　　月）

② つぎの 文の せつ明《めい》に 合《あ》う ぎょうじを ―― で むすびましょう。

ひな人形《にんぎょう》を かざって 女の子の せい長《ちょう》を いのります。 ・

かぶとを かざったり こいのぼりを 立てたり して 男の子の せい長を いのります。 ・

だんごを そなえたり すすきを かざったり して 月を ながめます。かみさまに ほうさくの おれいを します。 ・

まめを まいて おにや わるいものを おいはらい 新《あたら》しい 年の しあわせを いのります。 ・

先ぞの れいが もどって くると いわれて います。おそなえを して 先ぞを むかえ，おはかに おまいり します。 ・

ないでしょうか。モグラの　かんかくは、それを　はるかに　こえる、すばらしい　ものなのです。じっさいに、生きている　モグラや＊ヒミズを　かんさつして　いると、しきりに　鼻先《はなさき》を　うごかしては、えさを　さがして　いるのが　見てとれます。モグラは　まっくらな　やみの　せかいで、鼻先《はなさき》の　かんかくを　たよりに、手さぐりならぬ「鼻《はな》さぐり」の　生活《せいかつ》を　して　いるのです。

　ほかにも、ぼくたちが　目かくしを　して　いるときに、たよりになる　かんかくの　ひとつに「におい」が　あります。これは　どうでしょうか？

　じつは、モグラが　どれくらい、②の　かんかくを　たよりにして　いるのかは、よく　わかって　いません。人によっては、「モグラは　鼻《はな》が　よく　きくから、はたけに　くすりを　うめておけば　やって　こない」と　いいますが、どうなのでしょうか。

　モグラを　しいくして　えさを　やると、においに　それほど　すばやく　はんのうするようには　見えません。むしろ、えさを

ウ（　）かんじた　ものを　のうに　つたえる。

(2) 上の　文章《ぶんしょう》の　中から、②に　入る　三字の　ことばを　さがして　書きましょう。（15点）

(3) 上の　文章と　あって　いる　ものには　○を、まちがって　いる　ものには　×を　（　）に　書きましょう。（一つ5点）

ア（　）人間《にんげん》は、手の　かんかくと　鼻《はな》の　かんかくを　同《おな》じくらい　たよりに　して　いる。

イ（　）はたけに　くすりを　うめておくと、モグラは　いなくなって　しまう。

ウ（　）モグラは　鼻先《はなさき》で、においより　しんどうを　たよりに　して　生《せい》活《かつ》して　いる。

4 つぎの 文章《ぶんしょう》を 読《よ》んで、下の もんだいに 答《こた》えましょう。

モグラは ものの 形《かたち》や しゅういの ようすを、鼻先《はなさき》で 見て いるようです。鼻先《はなさき》には ぼくたちには ない、①とくべつな そうちが びっしりと ついて います。この そうちは 光《ひかり》を かんじるのではなく、ゆれを かんじるのです。これは「アイマーきかん」と よばれる もので、とても 弱《よわ》い かんしょくや ゆれを かんじて、のうに つたえます。あるしゅの モグラには、この そうちが 鼻先《はなさき》に 数万《すうまん》こも ついて いて、方向《ほうこう》や ものの かたさなど、さまざまな じょうほうが わかるのだと いわれて います。

「そんな ことが できるわけない！」と 思《おも》った きみも、目かくしを して 手さぐりで ものを 見つけた ときに、ものの かんしょく、大きさ、かたさなどから、自分《じぶん》が へやの 中に ある 何《なに》を さわって いるのかが、そうぞうできるのでは

うごかして しんどうを あたえて やると、近《ちか》づいてきて、食《た》べられる ものか どうか 鼻先《はなさき》で しらべてから 食べはじめるように、ぼくは かんじて います。

川田伸一郎《かわだしんいちろう》『はじめましてモグラくん』（少年写真新聞社刊）

＊ヒミズ＝モグラのなかま。モグラよりも少《すこ》し小さい。

(1) ——①について、つぎの もんだいに 答《こた》えましょう。

❶ この そうちは 何《なん》と よばれて いますか。 (10点)

［　　　　］

❷ この そうちの とくちょうとして 正しくないものの（　）に ○を 書《か》きましょう。 (10点)

ア（　）鼻先《はなさき》で 光《ひかり》を かんじる。

イ（　）鼻先《はなさき》で ゆれを かんじる。

(5) □《がん》□《せき》が 道《みち》を ふさぐ。

(6) 道路《どうろ》が □《なん》□《ぼく》に 走《はし》る。

(7) ふかい □《たに》の そこに おりる。

(8) バスで □《えん》□《そく》に 行《い》く。

(9) 妹が るす番《ばん》を して いる。（　　）

(10) 自分《じぶん》の 名前《なまえ》を 記す。（　　）

3 つぎの 二つの ことばが、はんたいの いみの 組《く》み合《あ》わせに なって いるものには○、なって いないものには ×を（　）に 書きましょう。（一つ2点）

(1)（　）むすぶ ↔ ほどく

(2)（　）さむい ↔ すずしい

(3)（　）くらい ↔ 明《あか》るい

(4)（　）長《なが》い ↔ 広《ひろ》い

(5)（　）おくれる ↔ 間《ま》に合《あ》う

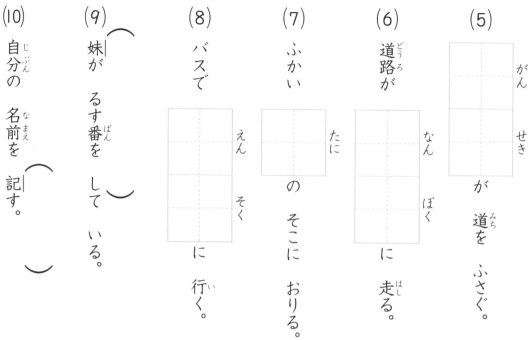

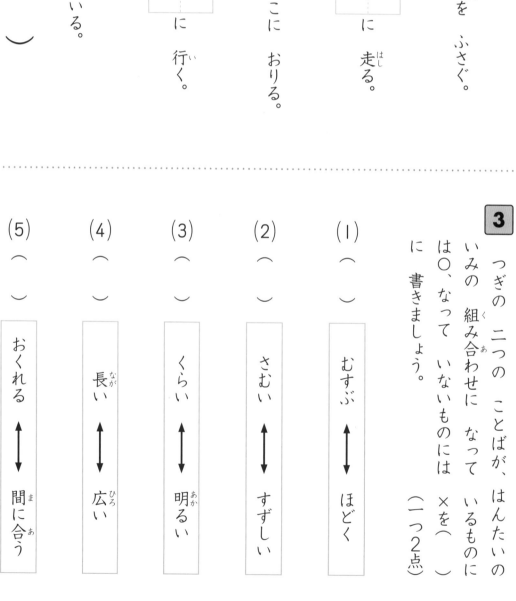

国語

5 かくにん テスト

学習日　月　日

得点　／100点

1 □には かん字を 書《か》きましょう。また、（　）には ――を 引《ひ》いた かん字の 読《よ》みがなを 書きましょう。（一つ2点）

(1) 新《あたら》しい □□《でんち》 を 買《か》う。

(2) □《たの》 しい 時間《じかん》を すごす。

(3) □《ゆみ》 を つかって 矢《や》を とばす。

(4) はやくて □《つよ》 い ボールを なげる。

2 ――を 引いた ことばと はんたいの いみの ことばを □に 書きましょう。（一つ5点）

(1)
ア 黒《こく》ばんの 字を けす。 □□

イ 家《いえ》じゅうの あかりを けす。 □□

(2)
ア へやの 中では ぼうしを ぬぐ。 □□

イ あせを かいたので シャツを ぬぐ。 □□

だ、す、す、すぐに　いきます！」

（えっ、すぐに　いきますって　どこに？　おとうさん、どこに　いっちゃうんだよ。きょうは　ぼくと　おばけやしきに　いく　やくそくだよ）

その　でんわは　おとうさんの　会社《かいしゃ》で　トラブルが　あって、せきにんしゃだった　おとうさんを　よびだす　でんわだったのです。

「じゃ、いって　くるから」

「きをつけてね。あなた、かばん、かばん！」

おとうさんは　あわてて　うちを　とびだして　いきました。

（おとうさんなんて　キライだ。大キライだ。だって、だって　おとうさんは　うそつきだ。やくそくしたじゃないか、ゆびきりげんまん　したじゃないか、うそついたら　はりせんぼん　のーみますって　おとうさん　いったじゃないか）

③ひろとの　目から　なみだが　ドワーッと　あふれでました。

そうまこうへい『ふたつのゆびきりげんまん』（小峰書店刊）

おとうさんの　会社《かいしゃ》で　□

があって、□　だった

おとうさんを　よびだすため。

(3) ——③と　ありますが、ひろとは　どうして　ないて　いるのですか。（　）に　○を　書《か》きましょう。（10点）

ア（　）おとうさんに　やくそくを　やぶられたのが　かなしかったから。

イ（　）おとうさんが　会社から　帰《かえ》って　くるのが　まちどおしかったから。

ウ（　）おとうさんが　日よう日に　しごとに　いくのを　かわいそうに　思《おも》ったから。

4 つぎの 文章《ぶんしょう》を 読《よ》んで、下の もんだいに 答《こた》えましょう。

そして いよいよ、おとうさんと いっしょに おばけやしきに いく 日よう日に なりました。

①ひろとは こうふんして 6時《じ》には もう 目が さめて いました。

でも おきるには まだ はやいので ふとんの 中で ゴロゴロしていたら、ツルルーツルルー ②でんわの ベルが なりました。

ひろとは なんだか わるい よかんが して 耳を すましました。

ベルは 10かいぐらい なって やっと おかあさんが でました。

「すこし おまちくださいませ」

おかあさんに かわって、おとうさんが ねぼけた 声《こえ》で でんわに でました。

「もし、もーし、もおし」

すこしして、とつぜん おとうさんの 声の ちょうしが かわりました。

「えっ、そ、そうですか、そりゃ たいへん

---

(1) ——①と ありますが、ひろとは どんなことに こうふんして いるのですか。（一つ5点）

［　　　　］と いっしょに、［　　　　］に いくこと。

(2) ——②について、つぎの もんだいに 答《こた》えましょう。

❶ ひろとは それを 聞《き》いて、どんな 気もちが しましたか。（10点）

なんだか ［　　　　］ がした。

❷ 何《なん》のために かかって きた でんわですか。（一つ10点）

(5) □□《あいず》を　聞《き》いて　はじめる。

(6) 二つの　道《みち》が　□《まじ》わる。

(7) □□《たいふう》が　やって　くる。

(8) つめたい　水で　□《かお》を　あらう。

(9) 日本人の　主食《しゅしょく》は　白米だ。（　　　）

(10) 教室から　外《そと》へ　出る。（　　　）

が　まちがって　いる　ところが　四つ　あります。まちがって　いる　ところを　○で　かこみ、よこに　正しく　書きましょう。また、「　」が　ぬけて　いる　ところには、「　」を　書き入れましょう。（一つ3点）

　ぼくは、りょうりを　上手《じょうず》に　作《つく》れるように　なりたい。なぜなら。食《た》べる　ことが　だいすきだからだ。

　休みの　日には、ぼくが　お母《かあ》さんのかわりに　お昼《ひる》ごはんを　作る　こともある、そんなとき　お母さんは、ごはんを作って　くれて、たすかるわ。と　言《い》ってくれる。お父さんも、どんどん　りょうりが　上手に　なるなあ。と　ほめて　くれる。

　人に　よろこんで　もらえると。とてもうれしい、これからも　休みの　日の　お昼ごはんは　ぼくに　まかせて　ほしい。

国語

4

かくにん テスト

学習日　月　日

得点　／100点

1 □には かん字を 書《か》きましょう。また、（　）には ――を 引《ひ》いた かん字の 読《よ》みがなを 書きましょう。（一つ2点）

(1) 友《とも》だちと □《こう》□《えん》で あそぶ。

(2) 空に □《くも》が うかんで いる。

(3) しょうらいは □《が》□《か》に なりたい。

(4) 鳥《とり》が □《はね》を 広《ひろ》げる。

2 つぎの 文が（　）の いみに なるように、正しい ところに、「、」を 一つ つけて、書き直《なお》しましょう。（一つ6点）

(1) お父《とう》さんと 友だちの おみまいに びょういんへ 行《い》きました。
（入院《にゅういん》して いるのが 「友だち」だけに なるように）

(2) ぼくは 青い ボールペンと ふでばこを 買《か》って もらった。
（青いのが 「ボールペン」だけに なるように）

3 つぎの 文には、「。」や 「、」の つかい方《かた》

ようと　思《おも》ったのですか。」

山下さん「子どもの　ころに、自分《じぶん》が　作った　りょうりで　家《か》ぞくが　えがおに　なって　くれて　うれしいなと　思った　ことが　ありました。りょうりを　食《た》べるのを　楽《たの》しみに　お店《みせ》に　来《き》てくれる　人たちに　えがおに　なって　もらいたいと　思って、この　しごとに　つきました。」

とおるさん「しごとを　して　いて、たいへんな　ことは　どんな　ことですか。」

山下さん「りょうりを　いつも　同《おな》じ　あじに　なるように　作る　ことです。そのために　毎日《まいにち》　かならず　作りおわったら　あじみを　するように　して　います。」

とおるさん「しごとを　して　いて、うれしい　ことは　どんな　ことですか。」

山下さん「自分の　作った　りょうりを　おいしいと　言《い》って　もらえるのが、やっ

(4) 上の　インタビューの　内容《ないよう》と　あうものには　○を、あわない　ものには　×を（　）に　書《か》きましょう。　（一つ5点）

ア（　）山下さんは、おきゃくさまに　りょうりを　出す　しごとより、おきゃくさまに　出す　りょうりを　作《つく》る　しごとの　ほうが　むずかしいと　言って　いる。

イ（　）山下さんは、いつか　自分《じぶん》で　作った　りょうりを　おきゃくさまに　出す　しごとを　したいと　思《おも》って　いる。

ウ（　）山下さんは、自分の　作った　りょうりを　おいしいと　言って　もらえるのが　何《なに》よりも　うれしいと　かんじて　いる。

3 つぎの 文章《ぶんしょう》は、レストランで はたらく 山下《やました》さんに、とおるさんが した インタビューを まとめた ものです。インタビューを 読《よ》んで、下の もんだいに 答《こた》えましょう。

とおるさん「よろしく おねがいします。」

山下さん「よろしく おねがいします。」

とおるさん「山下さんは、レストランで どんな しごとを して いるのですか。」

山下さん「レストランには、大きく 分《わ》けて 二つの しごとが ありますが、わたしは おきゃくさまからは 見えない ところで、ちゅう文《もん》の あった りょうりを 作《つく》る しごとを して います。」

とおるさん「レストランの 人は、りょうりを 作る いがいに、どんな しごとを して いるのですか。」

山下さん「おきゃくさまの ちゅう文を 聞いたり、でき上がった りょうりを おきゃくさまに 出したりする しごとです。」

とおるさん「どうして、今《いま》の しごとを し

ぱり いちばん うれしいですね。」

とおるさん「そうなんですね。今日《きょう》は、ありがとうございました。」

山下さん「ありがとうございました。」

(1) 山下さんは、レストランで どんな しごとを して いるのですか。 (10点)

(2) レストランでは、山下さんが して いる しごとの ほかに、どんな しごとが ありますか。 (10点)

(3) 山下さんは、しごとを して いて たいへんな ことは どんな ことだと 言《い》って いますか。 (15点)

(5) □□《ふぼ》と いっしょに すごす。

(6) きそく正しく □□《せいかつ》する。

(7) □《うま》が 草原《そうげん》を 走《はし》る。

(8) □□《こうもん》の 前《まえ》で あいさつする。

(9) しんせきの おばさんに 会う。（　　）

(10) 半紙（　　）に 書きぞめを する。

(3) 明日《あした》に なれば、たぶん 天気は よく なって いる □。

(4) もし 明日が 雨 □、キャンプは えんきに なります。

(5) まっかな 夕やけが とても きれいで、まるで 空が もえて いる □。

ようだ　だろう　ならば
そうだ　ないだろう

国語

3 かくにん テスト

学習日　月　日

得点　　/100点

1

□には かん字を 書《か》きましょう。また、（　）には ——を 引《ひ》いた かん字の 読《よ》みがなを 書きましょう。（一つ2点）

(1) □《しん》□《せつ》な ともだち。

(2) □《けい》□《さん》の 力を つける。

(3) いそいで 家《いえ》に □《かえ》る。

(4) つい □《よわ》□《ね》を はく。

2

つぎの 文の ——を 引いた ことばに ちゅういして、□に あてはまる ことばを あとの □の 中から えらんで、書きましょう。同《おな》じ ことばは 二回《かい》は つかえません。（一つ6点）

(1) 今日《きょう》の 試合《しあい》は、まさか まけるような ことは □。

(2) この 調子《ちょうし》だと、どうやら おこられる ことは なさ□。

——①みないふり　みないふり。自分《じぶん》に　いいきかせる。食《た》べものも　もって　いないし、だん地《ち》では　どうぶつは　かえない。それに、かあさんは、ねこアレルギーだ。くしゃみが　止《と》まらなくなって、じんましんが　でる。まえに　ひろって　きちゃったとき、そうなった。かいぬしさがしも　たいへんだったから、二どと　ひろわない　やくそくを　した。

——②こねこは、あたしの　ほうを　むいて、ひっしって　かんじに　なきつづける。

おさいふを　もってくれば　よかった。そしたら、食べる　ものを　買《か》って　こられたのに。

雨が、すこし　こぶりに　なった。ねこの　声が、ますます　ひびく。

「たすけて！　しんじゃうよ！」そんなふうに　きこえる。

——③あたしは、耳を　ふさいで　のきしたを　とびだした。

長崎夏海《ながさきなつみ》『空にふく風』（汐文社刊）

(3)　——②と　ありますが、ねこの　声《こえ》は「あたし」には　どう　言《い》って　いるように　きこえたのですか。（15点）

「　　　　　　　　」

と　言って　いるように　きこえた。

(4)　——③と　ありますが、「あたし」は　どうして　耳を　ふさいで　とびだしたのですか。（　）に　○を　書きましょう。（10点）

ア（　）雨が　こぶりに　なって　きたので　今《いま》の　うちに　家に　帰ろうと　思《おも》ったから。

イ（　）雨の　音に　かん心《しん》して　いたのに、ねこの　声で　だいなしに　なって　しまったから。

ウ（　）たすけて　ほしそうな　ねこに、何《なに》も　して　あげられず、かわいそうだと　思ったから。

4 つぎの 文章《ぶんしょう》を 読《よ》んで、下の もんだいに 答《こた》えましょう。

スイミングの 帰《かえ》り道《みち》。

みんなと わかれた とたん、ぽつんと雨が ふって きた。かさは もって いない。走《はし》りだしたら、きゅうに どしゃぶりに なって、あたしは、文ぼうぐやさんの のきしたに かけこんだ。

あっというまに、あたりが けぶって、べつの せかいみたいに なった。雨の音しか きこえない。

「すごーい」

かん心《しん》して いると、雨の 音の すきまから、なにか きこえた。

「え？」

ねこの 声《こえ》だ。

あわてて あたりを みまわす。

道《どう》ろを はさんだ むかいの ビルの自《じ》てん車おき場《ば》に、黒《くろ》くて 小さい ねこが いた。雨の 音にも まけない 声で、ないて いる。

(1) この 文章《ぶんしょう》は、どういう 場面《ばめん》の 話《はなし》ですか。（ ）に ○を 書《か》きましょう。（10点）

ア（ ）学校から 家《いえ》に 帰《かえ》る とちゅうに 雨が ふって きて、家の のきしたに かけこんだ 場面。

イ（ ）友《とも》だちと わかれた とたんに 雨が ふって きて、文ぼうぐやの のきしたに かけこんだ 場面。

ウ（ ）スイミングの 帰りに 雨が ふって きて、ビルの 自《じ》てん車おき場に かけこんだ 場面。

(2) ――①と ありますが、「あたし」が「みないふり」を しようと したのは どうしてですか。（15点）

かあさんと ［　　　　］ という やくそくを して いたから。

(5) □□《いんりょく》の 大きさを はかる。

(6) 足を □《く》んで すわる。

(7) マイクを つかわず □□《にくせい》で 話す。

(8) 米《こめ》の □□《ばいばい》を する。

(9) 今日の 昼食は カレーライスだ。（　　）

(10) 地図を 広《ひろ》げる。（　　）

3 ――を 引いた ことばを、かんじで 書きましょう。（一つ4点）

(1)
ア ゆう方《がた》には 家《いえ》に 帰《かえ》る。 □
イ ゆう人《じん》と いっしょに あそぶ。 □

(2)
ア てんにも のぼる うれしさ。 □
イ 本やの てん長《ちょう》と 話す。 □

(3)
ア 上手《じょうず》な じを 書く。 □
イ じ分《ぶん》の すきな どうぶつ。 □

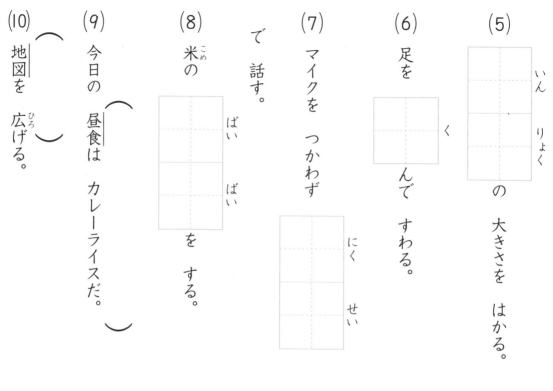

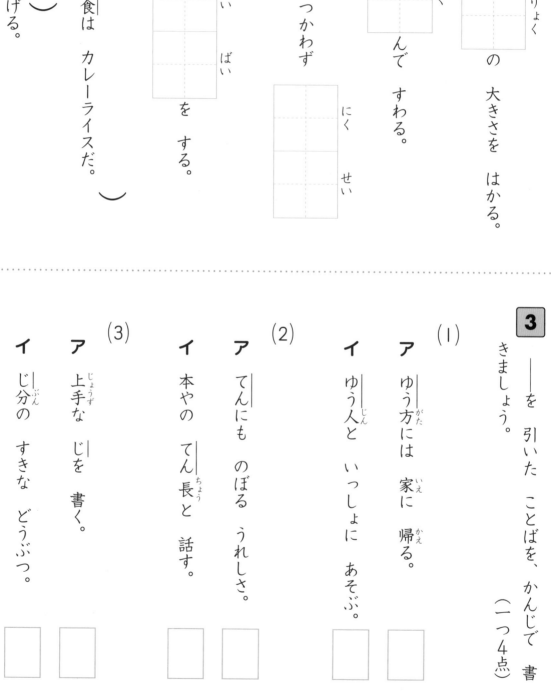

かくにん テスト

学習日 月 日

得点 /100点

1 □には かんじを 書《か》きましょう。また、（ ）には ――を 引《ひ》いた かんじの 読《よ》みがなを 書きましょう。（一つ2点）

(1) □《はは》□《おや》と 話《はな》す。

(2) □《かい》□《が》の 教室《きょうしつ》に 通《かよ》う。

(3) 今日《きょう》は しゅくだいが □《すく》ない。

(4) おとしものを □《こう》□《ばん》に とどける。

2 つぎの 文の 中には、書き方《かた》の まちがいが 三つ あります。まちがって いる ところに ×を つけて、よこに 正しく 書き直《なお》しましょう。（一つ2点）

先週《せんしゅう》の 日曜日《にちようび》、ぼくは 弟《おとうと》と いっしょに 山のぼりえ 行《い》きました。はじめは 元《げん》気《き》いっぱいでしたが、とちゅうで 二人とも つかれて しまいました。ちょおど キャラメルを 一つ もっていたので、二人で 分《わ》けて、また のぼりました。さいごまで のぼる ことが できたので、ぢしんが わいて きました。

れんした　けんきゅうしゃが　いましたが、①なかなか　うまく　ゆきません。のどの　しくみが　ちがって　いて、ひとほど　さまざまな　声を　だせないのです。

口や　耳の　ふじゆうな　ひとは　手で話します。手の　いろいろな　形《かたち》や、いちや、うごきを　組《く》みあわせた　みぶりに　よる　サインを、声の　かわりに　つかいます。これが　みぶりの　ことば、②手話《しゅわ》です。ひとは　手話によって、話しことばと　おなじように、こみいった　むずかしい　話《はなし》を　する　ことが　できます。手話なら、声を　だす　ことが　にがてな　チンパンジーも　すこしは　つかえるように　なるかも　しれません。

松沢哲郎《まつざわてつろう》『ことばをおぼえたチンパンジー』（福音館書店刊）

(3) ——②とありますが、「手話」とは　だれが　何《なに》で　話《はな》すことですか。（どちらもできて10点）

［　　　］が、［　　　］で話すこと。

(4) 上の　文章《ぶんしょう》の　内容《ないよう》と　あって　いるものには　○を、まちがって　いる　ものには　×を（　）に　書きましょう。（一つ5点）

ア（　）ニホンザルや　チンパンジーは、じっと　目を　見つめても　おこらない。

イ（　）チンパンジーは　ひとの　ことばが　わかる　ことが　ある。

ウ（　）チンパンジーは　手話を　上手《じょうず》に　つかって　話すことが　できる。

3 つぎの 文章《ぶんしょう》を 読《よ》んで、下の もんだいに 答《こた》えましょう。

ひとが じっと 目を 見つめると、ニホンザルならば、目を そらしたり、おこった ひょうじょうを するのが ふつうです。でも、チンパンジーならば、こちらの 目を 見つめかえして きます。長《なが》く つきあって いると、ひとと チンパンジーの あいだでは、目を 見つめあう ことで、したしい 気もちを つたえられるように なります。イヌや ネコの 気もちが わかると いう ひとも いるでしょう。しかし、チンパンジーとならば、もっと よく わかりあえるのです。

ひとに そだてられた チンパンジーは、ひとが 話《はな》しかける ことばも、かなり わかるようです。そこで、声《こえ》を だして ひとの ことばを 話すように くん

(1) チンパンジーは どのようにして 気もちを つたえますか。（　）に ○を 書《か》きましょう。（10点）

ア（　）声《こえ》を だして つたえる。
イ（　）目を あわせて つたえる。
ウ（　）手話《しゅわ》を つかって つたえる。

(2) ——①とありますが、どうして うまく ゆかないのですか。（どちらもできて15点）

チンパンジーは、ひとと ［　　　　］が ちがって いて、［　　　　］から。

(5) □《ゆき》□《ぐに》で 生活《せいかつ》する。

(6) □《ほそ》い □《みち》が つづいて いる。

(7) にがてな □《きょう》□《か》を なくす。

(8) けがを しないように □《よう》□《じん》する。

(9) （金魚に えさを やる。）

(10) （毛糸で 手ぶくろを） あむ。

しゅ語 □ ― じゅつ語 □

だれが □ → ― どうした □

(3) あれは、ぼくが かいた 絵《え》だ。

しゅ語 □ ― じゅつ語 □

だれが □ ― どうした □ →

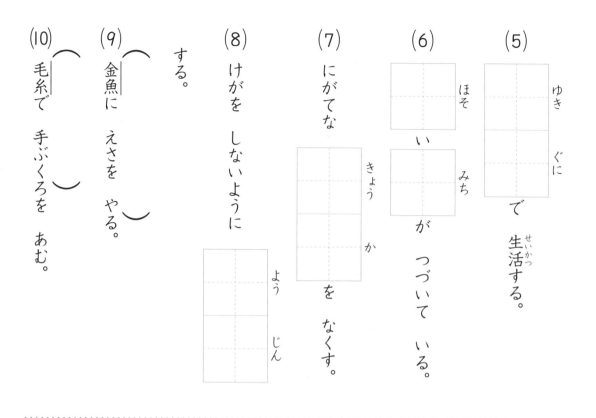

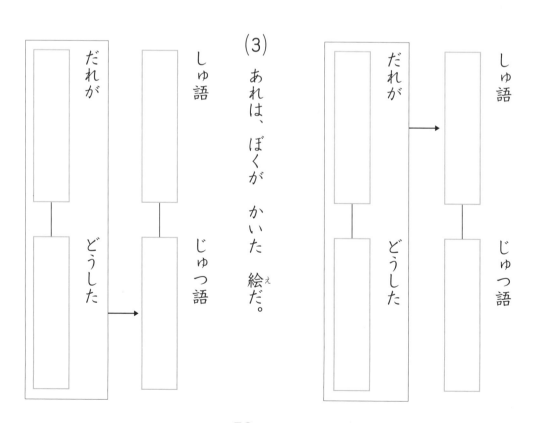

国語

1 かくにん テスト

学習日　月　日

得点　／100点

1 □には かん字を 書《か》きましょう。また、（　）には ——を 引《ひ》いた かん字の 読《よ》みがなを 書きましょう。（一つ2点）

(1) 虫が 小さな声《こえ》で □《な》く。

(2) □《ちゃ》□《いろ》の えのぐを 買《か》う。

(3) □《て》□《くび》を ほぐす うごき。

(4) きれいな □《ほし》□《ぞら》を 見上げる。

2 「—」は しゅ語《ご》と じゅつ語の かんけい、「→」は くわしくする かんけいを あらわして います。つぎの 文の 組《く》み立《た》てを 考《かんが》えて、□に ことばを 書きましょう。（一つ10点）

(1) 強《つよ》い 風《かぜ》が、ざわざわと ふく。

しゅ語　□ — じゅつ語　□

どんな　□ → □

どのように　□ → □

(2) 姉《あね》が 書いた 字は、きれいだ。

Z会グレードアップ問題集　全科テスト　小学2年

初版第 1 刷発行 ………… 2021 年 6 月 20 日
初版第 2 刷発行 ………… 2022 年 3 月 10 日
編　者……………………… Z会編集部
発行人……………………… 藤井孝昭
発　行……………………… Z会

〒 411-0033　静岡県三島市文教町 1-9-11
【販売部門：書籍の乱丁・落丁・返品・交換・注文】
TEL 055-976-9095
【書籍の内容に関するお問い合わせ】
https://www.zkai.co.jp/books/contact/
【ホームページ】
https://www.zkai.co.jp/books/

編集協力…………………… 株式会社 エディット
DTP 組版 ………………… ホウユウ 株式会社
デザイン…………………… ステラデザイン
イラスト・図版…………… 神谷菜穂子
装丁………………………… Concent, Inc.
印刷・製本………………… シナノ書籍印刷 株式会社

ISBN978-4-86290-335-8 C6081

Z-KAI

かっこいい小学生になろう

Z会グレードアップ問題集
全科テスト

国語　算数　さきどり理科　さきどり社会

小学
2年

解答・解説

解答・解説の使い方

この冊子では，問題の答えとともに，考え方の道筋や押さえておきたい重要事項を掲載しています。問題に取り組む際や○をつける際にお読みいただき，お子さまの取り組みをあたたかくサポートしてあげてください。

ステップ1

「答え」では，正解を示しています。

※記述問題の解答は，（例）を示しています。

ステップ2

「考え方」では，それぞれの問題のポイントや考え方の道筋，学習アドバイスを示しています。
記述問題では，まるつけのためのポイントも示しています。

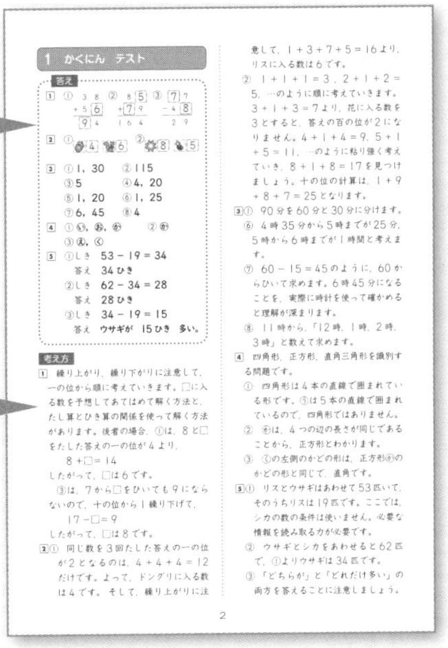

1　かくにん　テスト

答え

1　①　38 + 5[6] = [9]4　②　8[5] + [7]9 = 164　③　[7]7 − 4[8] = 29

2　①　4　6　②　8　5

3　①1，30　②115
③5　④4，20
⑤1，20　⑥1，25
⑦6，45　⑧4

4　①㋑，㋔，㋕　②㋕
③㋓，㋗

5　①しき　53 − 19 = 34
答え　34ひき
②しき　62 − 34 = 28
答え　28ひき
③しき　34 − 19 = 15
答え　ウサギが　15ひき　多い。

考え方

1　繰り上がり，繰り下がりに注意して，一の位から順に考えていきます。□に入る数を予想してあてはめて解く方法と，たし算とひき算の関係を使って解く方法があります。後者の場合，①は，8と□をたした答えの一の位が4より，
8 +□= 14
したがって，□は6です。
③は，7から□をひいても9にならないので，十の位から1繰り下げて，
17 −□= 9
したがって，□は8です。

2①　同じ数を3回たした答えの一の位が2となるのは，4 + 4 + 4 = 12だけです。よって，ドングリに入る数は4です。そして，繰り上がりに注意して，1 + 3 + 7 + 5 = 16より，リスに入る数は6です。
②　1 + 1 + 1 = 3，2 + 1 + 2 = 5，…のように順に考えていきます。3 + 1 + 3 = 7より，花に入る数を3とすると，答えの百の位が2になりません。4 + 1 + 4 = 9，5 + 1 + 5 = 11，…のように粘り強く考えていき，8 + 1 + 8 = 17を見つけましょう。十の位の計算は，1 + 9 + 8 + 7 = 25となります。

3①　90分を60分と30分に分けます。
⑥　4時35分から5時までが25分，5時から6時までが1時間と考えます。
⑦　60 − 15 = 45のように，60からひいて求めます。6時45分になることを，実際に時計を使って確かめると理解が深まります。
⑧　11時から，「12時，1時，2時，3時」と数えて求めます。

4　四角形，正方形，直角三角形を識別する問題です。
①　四角形は4本の直線で囲まれている形です。㋒は5本の直線で囲まれているので，四角形ではありません。
②　㋕は，4つの辺の長さが同じであることから，正方形とわかります。
③　㋗の左側のかどの形は，正方形㋕のかどの形と同じで，直角です。

5①　リスとウサギはあわせて53匹いて，そのうちリスは19匹です。ここでは，シカの数の条件は使いません。必要な情報を読み取る力が必要です。
②　ウサギとシカをあわせると62匹で，①よりウサギは34匹です。
③　「どちらが」と「どれだけ多い」の両方を答えることに注意しましょう。

2

★本テストでは，教科書よりも難しい問題を出題しています。お子さまが正解した場合は，いつも以上にほめてあげて，お子さまのやる気をさらにひきだしてあげてください。

★理科と社会はクイズとして出題しているため，解答・解説の示し方が異なります。

★16ページに，各教科の単元一覧を掲載していますので，テスト前の確認やテスト後の復習の際にご参照ください。

★まちがえた問題は，「考え方」をご確認いただくとともに，復習の際は，教科書や『Z会グレードアップ問題集』（別売り）などをご活用ください。

もくじ

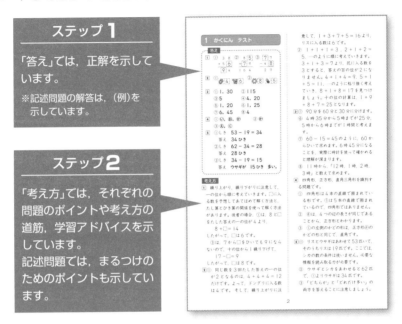

1　かくにん　テスト

答え

1　①
```
   3 8
+ 5 [6]
[9] 4
```
②
```
  8 [5]
+[7] 9
 1 6 4
```
③
```
 [7] 7
- 4 [8]
   2 9
```

2　①  [4]  [6]　②  [8]  [5]

3　① **1，30**　② **115**
③ **5**　④ **4，20**
⑤ **1，20**　⑥ **1，25**
⑦ **6，45**　⑧ **4**

4　① ㋑，㋔，㋕　② ㋕
③ ㋓，㋗

5　①しき　**53 − 19 = 34**
答え　**34 ひき**
②しき　**62 − 34 = 28**
答え　**28 ひき**
③しき　**34 − 19 = 15**
答え　**ウサギが　15 ひき　多い。**

考え方

1　繰り上がり，繰り下がりに注意して，一の位から順に考えていきます。□に入る数を予想してあてはめて解く方法と，たし算とひき算の関係を使って解く方法があります。後者の場合，①は，8と□をたした答えの一の位が4より，

8 +□= 14

したがって，□は6です。

③は，7から□をひいても9にならないので，十の位から1繰り下げて，

17 −□= 9

したがって，□は8です。

2① 同じ数を3回たした答えの一の位が2となるのは，4 + 4 + 4 = 12 だけです。よって，ドングリに入る数は4です。そして，繰り上がりに注意して，1 + 3 + 7 + 5 = 16より，リスに入る数は6です。

② 1 + 1 + 1 = 3，2 + 1 + 2 = 5，…のように順に考えていきます。3 + 1 + 3 = 7より，花に入る数を3とすると，答えの百の位が2になりません。4 + 1 + 4 = 9，5 + 1 + 5 = 11，…のように粘り強く考えていき，8 + 1 + 8 = 17を見つけましょう。十の位の計算は，1 + 9 + 8 + 7 = 25となります。

3① 90分を60分と30分に分けます。

⑥ 4時35分から5時までが25分，5時から6時までが1時間と考えます。

⑦ 60 − 15 = 45のように，60からひいて求めます。6時45分になることを，実際に時計を使って確かめると理解が深まります。

⑧ 11時から，「12時，1時，2時，3時」と数えて求めます。

4 四角形，正方形，直角三角形を識別する問題です。

① 四角形は4本の直線で囲まれている形です。㋒は5本の直線で囲まれているので，四角形ではありません。

② ㋕は，4つの辺の長さが同じであることから，正方形とわかります。

③ ㋗の左側のかどの形は，正方形㋕のかどの形と同じで，直角です。

5① リスとウサギはあわせて53匹いて，そのうちリスは19匹です。ここでは，シカの数の条件は使いません。必要な情報を読み取る力が必要です。

② ウサギとシカをあわせると62匹で，①よりウサギは34匹です。

③ 「どちらが」と「どれだけ多い」の両方を答えることに注意しましょう。

2 かくにん テスト

答え

1 ① $\frac{1}{4}$ ② $\frac{1}{4}$ ③ $\frac{1}{2}$

④ $\frac{1}{3}$ ⑤ $\frac{1}{3}$ ⑥ $\frac{1}{4}$

2 ① 977 ② 204

③ 592，594，597

④ 405，450，504，540

（③，④は順不同）

3

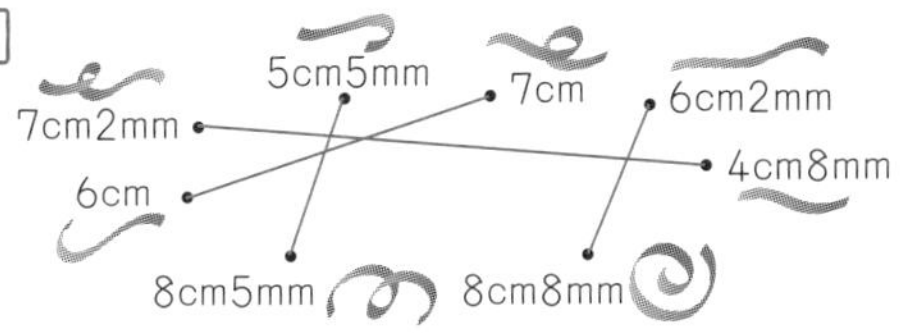

4 ①＞ ②＜ ③＜

5 ① 4L3dL ② 6L ③ 7dL

6 ①月曜日 ②土曜日 ③土曜日

考え方

1② 全体の大きさを８つに分けた大きさに注目して，$\frac{2}{8}$と答えるかもしれません。「何分の一ですか」と問われていることを確認したうえで，「全体の大きさは色が塗られているところの４つ分の大きさだから，$\frac{1}{4}$ということもできるね。」と声をかけてあげてください。

③ 色が塗られている部分を下の図のようにまとめると，考えやすくなります。

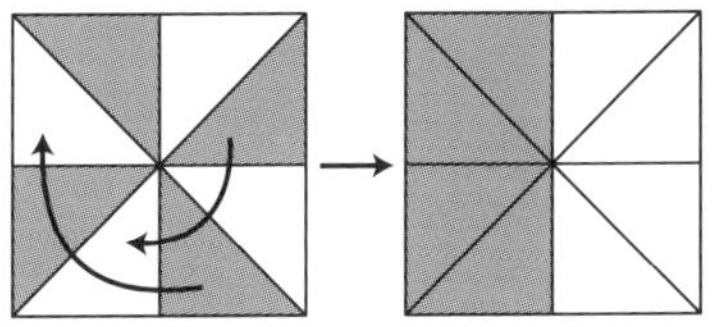

2② いちばん小さい数をつくるので，0，2，4を選びます。百の位に0は使えないので，百の位が2，十の位が0になります。

③ 590は，590より大きい数に含まれません。

④ 百の位に0は使えません。つくれない数を書いている場合や，同じ数を複数書いている場合は，注意してあげてください。

3 切る前の長さが「cm」だけで表せるので，「mm」の部分に目をつけて，

5mm＋5mm＝1cm

2mm＋8mm＝1cm

のように，たすと1cmになる２つのリボンについて考えるとよいでしょう。

4 単位をそろえて比べます。

① 2L＝20dL

② 5L＝5000mL

③ 2L7mL＝2007mL

5① たし算をして，10dLになったら，単位をLにかえて，1Lにします。

3L7dL＋6dL＝3L13dL

＝4L3dL

③ ひき算でdLどうしの計算ができないときは，1Lを10dLにかえます。

7L5dL－6L8dL

＝6L15dL－6L8dL＝7dL

6 1週間が７日であることや曜日の順番が理解できているか確認しましょう。

① 14日は，12日土曜日の２日後です。1日後が日曜日，２日後が月曜日と数えてもよいでしょう。

② 1週間は７日であることから，ある日の曜日と，その７日前の曜日は同じになります。19－7＝12より，19日は，12日と同じ土曜日です。

③ 26－7＝19より，26日は19日と同じ土曜日です。

3　かくにん　テスト

答え

1　① 110　② 70
③ 4000　④ 5000

2　①>　②<　③>　④=

3　①しき　150 − 80 = 70
答え　70本
②しき　57 − 39 = 18
答え　18人

4　①

（　）　（○）　（　）

②
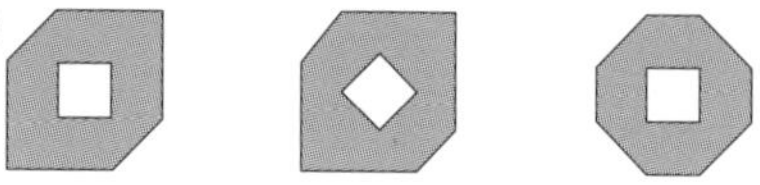
（○）　（　）　（　）

5　①しき　15 + 15 + 15 = 45
答え　45分
② 50分
③しき　5m10cm − 1m25cm
= 3m85cm
答え　3m85cm

考え方

1　10や100のまとまりで考えます。難しい場合は，硬貨などの具体物を実際に使って考えるとよいでしょう。

2　①と②は，上の位から順に大小を比べていきます。③は計算しなくても，ひく数の大小に注目して比べられます。④は計算すると，同じ数になります。

3　加法逆の減法の問題です。問題文に「あわせると」「ぜんぶで」とあることから，機械的にたし算をする間違いをしやすいです。テープ図を用いて場面を整理すると，ひき算を使うことが理解しやすくなるでしょう。

①　1組で80本，1組と2組をあわせると150本であることから，次のようなテープ図がかけます。

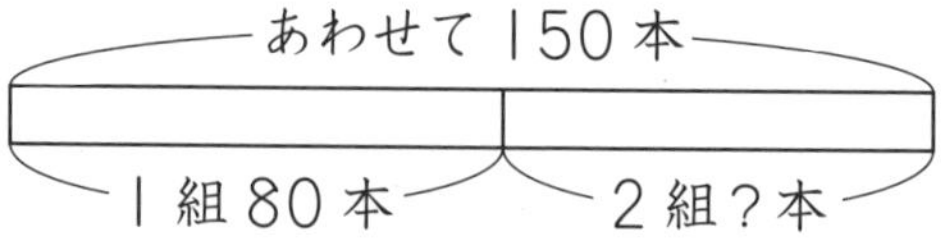

②　異種量の文章題でもあります。「植えた球根の個数」を「球根を植えた人数」に置き換えて考えます。

4　まず「もう1回おる」の図ではどこが切り落とされているかを考えます。その後，「おる」の図ではどこが切り落とされるかを考えます。

おり目を対称の軸として線対称な形になる，ということを理解し，利用するのは2年生には難しい内容です。実際に紙をおったり切ったりして，確認しながら解いてもよいでしょう。

5　時間と長さの条件を，日常の場面から読み取って考える問題です。

①　ショーの時間は1回15分で，1日に3回のショーが行われていることを読み取ります。式は，15 × 3と立てても正解です。15を10と5に分けて，

10 × 3 = 30　　5 × 3 = 15
30 + 15 = 45

と計算する方法は3年生で学習します。

②　今の時刻（10時30分）から1回目のショーが始まる時刻（11時20分）までの時間を答えます。10時30分から11時までが30分，11時から11時20分までが20分で，合計50分です。

③　5m10cm − 1m25cm
= 4m110cm − 1m25cm
= 3m85cm

4　かくにん　テスト

答え

1　① 48　② 27　③ 49

2　① 4　② 5　③ 1

3　(例) $2 \times 8 = 16$　$4 \times 4 = 16$
$8 \times 2 = 16$

4　①しき　$275 + 345 + 250$
$= 870$
答え　870 円
②しき　$1900 - 700 = 1200$
答え　1200 円

5
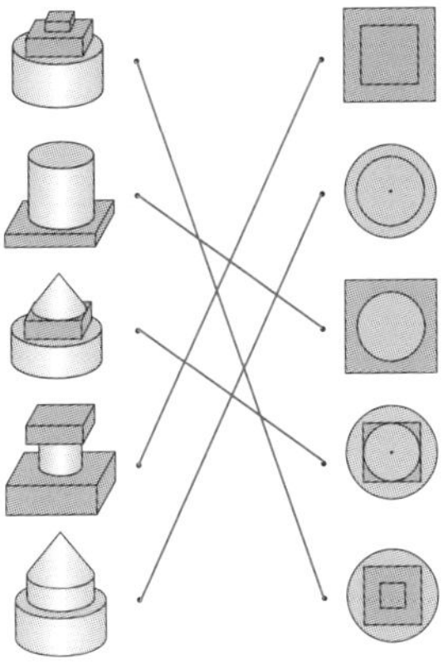

6　①しき　$3 \times 8 = 24$
答え　24 本
②しき　$3 + 2 = 5$
$5 \times 8 = 40$
$\left(\begin{array}{l} 2 \times 8 = 16 \\ 24 + 16 = 40 \end{array}\right)$
答え　40 本

考え方

2　わり算につながる問題です。九九を利用して，□にあてはまる数を求めます。

①　6 の段の数を調べます。$6 \times 1 = 6$，$6 \times 2 = 12$，…と調べていくと，$6 \times 4 = 24$ なので，□にあてはまる数は 4 です。

②　$1 \times 7 = 7$，$2 \times 7 = 14$，$3 \times 7 = 21$，…のように調べていきます。かける数とかけられる数を入れかえてもかけ算の答えは同じなので，7 の段の数を調べてもよいでしょう。

3　高学年で学習する「約数」につながる問題で，九九の中から答えが 16 になる数を見つけます。なお，$1 \times 16 = 16$，$16 \times 1 = 16$ のように，2 桁のかけ算で答えても正解です。

4　100 より大きい数の文章題です。

①　$275 + 345 = 620$，$620 + 250 = 870$ のように順に計算していきます。繰り上がりに注意しましょう。

②　第 3 回3と同じ，加法逆の減法の問題です。テープ図をかいて考えましょう。$1900 - 700$ は，100 のまとまりを考えて計算します。

5　身のまわりのものを使って似た形を作り，上から見ると理解しやすいでしょう。

問題の「形」の 4 番目のように，大きい形が上にのっていると，上から見たとき，下にある形が見えなくなることがあります。

6②　そうたさんがさらに 2 本ずつ花びんにコスモスを入れると，1 つの花びんに入っているコスモスの本数は，

$3 + 2 = 5$（本）

となり，これに花びんの数の 8 をかけると，あわせた本数が求められます。

他には，そうたさんが入れた本数を，

$2 \times 8 = 16$（本）

と求め，①で求めたゆうこさんが入れた本数にたして考えることもできます。

よく理解できている場合は，

$(3 + 2) \times 8 = 3 \times 8 + 2 \times 8$

というように，どちらの考え方でも同じ答えになることを確認させるとよいでしょう。

5　かくにん　テスト

答え

1　①4　②4　③7

2　①9，81　②8，56　③3

3　①3，6，48　②7，7，42

4　①しき　27＋18＝45
　答え　45ひき
②しき　48＋15＝63
　答え　63L

5　①　②

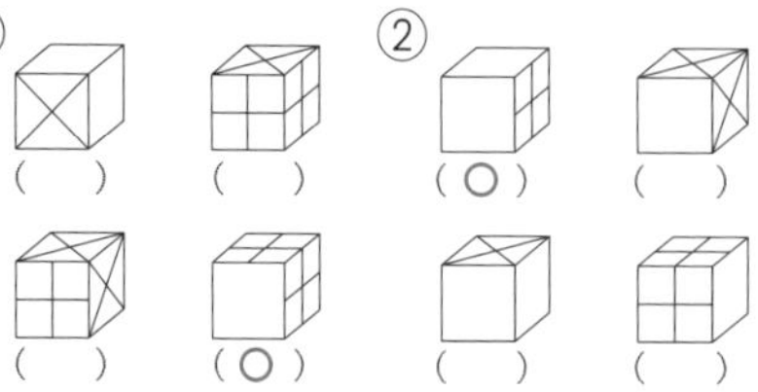

6　①2時間20分
②しき　1300＋1200＋800
　＝3300
　答え　3300円
③しき　333－131＝202
　答え　202m

考え方

1　かける数が1増えると，かけ算の答えはかけられる数だけ増えます。この性質を利用することで，③のような大きい数のかけ算もできるようになります。

2　①，②では，（　　）の中を先に計算します。③では，2つの数のかけ算を3つの数のかけ算に分解します。左辺と右辺を見比べて，左辺のどの数が分解されているかを正しく見極めましょう。

6＝2×□より，□は3です。

3　2つの数のかけ算を3つの数のかけ算に分解して，大きい数のかけ算をします。まず，どの数が分解されているかを考えて，1つ目の□にあてはまる数を考えます。次に，3つの数のかけ算と2つの数のかけ算を見比べて，2つ目の□にあてはまる数を考えます。

例えば，①では，

24×2＝8×□×2

の色をつけた部分より，1つ目の□は3とわかります。そして，

8×3×2＝8×□

の色をつけた部分より，2つ目の□は6とわかります。

4　減法逆の加法の問題です。テープ図を用いて場面を整理すると，たし算を使うことが理解しやすくなります。

①　バケツに金魚を27匹移したあと，水槽に18匹残っていることから，次のようなテープ図がかけます。

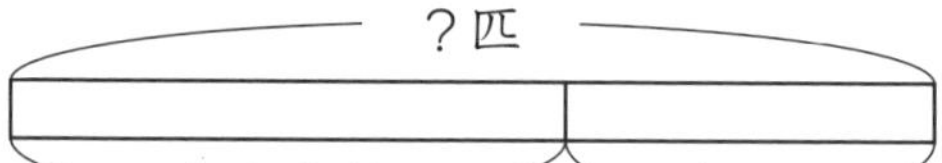

5　展開図を紙に写し取り，さいころの形を組み立てて確認するとよいでしょう。

①　組み立てると，模様のない面が向かい合います。選択肢のように3つの面が見えるように置いたとき，向かい合う2つの面のうち1つの面だけが見えます。よって，模様のない面が1つだけ見えている選択肢が正解です。

②　組み立てると，格子柄の面が向かい合います。

6　本問からわかるように，日常の中に，算数の題材はあふれています。普段から，お子さまと一緒に算数に親しむことで，お子さまの算数の力をもっと伸ばしてあげてください。

1 りか クイズ

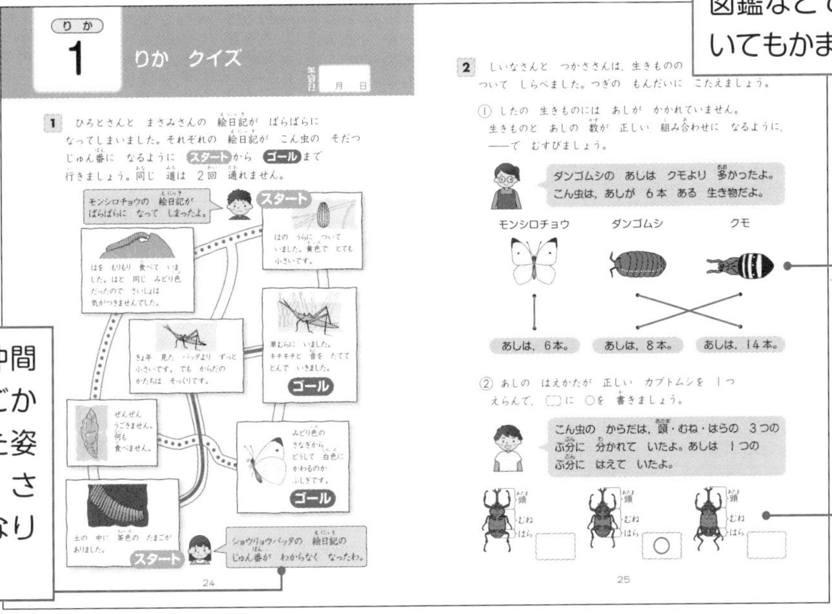

りか

1 りか クイズ

学習日　月　日

1 ひろとさんと まさみさんの 絵日記《えにっき》が ばらばらに なってしまいました。それぞれの 絵日記《えにっき》が こん虫の そだつ じゅん番《ばん》に なるように スタートから ゴールまで 行《い》きましょう。同《おな》じ 道《みち》は 2回《かい》 通《とお》れません。

24

2 しいなさんと つかささんは，生きものの ついて しらべました。つぎの もんだいに こたえましょう。

① したの 生きものには あしが かかれていません。生きものと あしの 数《かず》が 正しい 組み合《あ》わせに なるように，──で むすびましょう。

② あしの はえかたが 正しい カブトムシを 1つ えらんで，□に ○を 書《か》きましょう。

25

図鑑などで調べて解いてもかまいません。

バッタの仲間は，たまごから親と似た姿で生まれ，さなぎにはなりません。

《保護者の方へ》

昆虫のからだは頭部・胸部・腹部の３つの部分からなり，胸部に６本のあしがついています。クモやダンゴムシ，ムカデなどの小型の生き物はあしの数やからだのつくりの違いから，昆虫の仲間ではないことに気づけるように声をかけてあげてください。

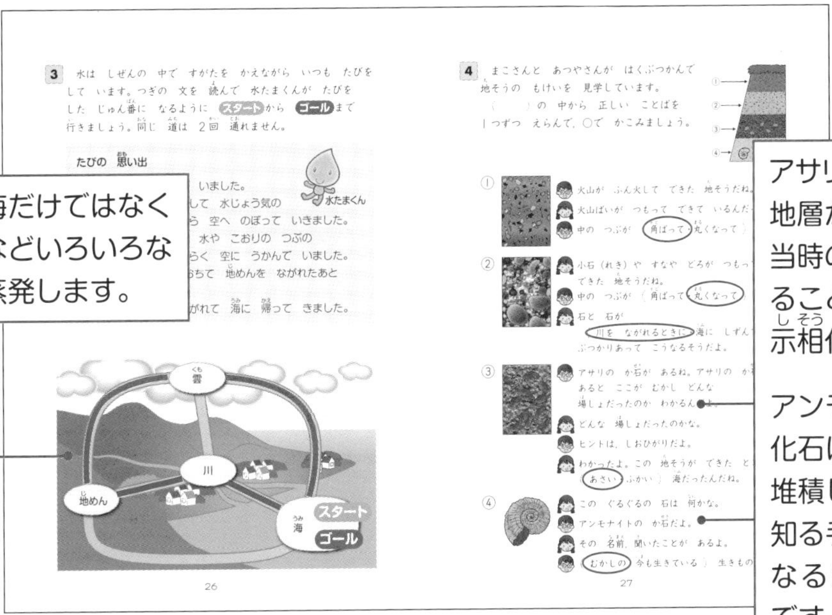

3 水は しぜんの 中で すがたを かえながら いつも たびを して います。つぎの 文を 読《よ》んで 水たまくんが たびを した じゅん番《ばん》に なるように スタートから ゴールまで 行《い》きましょう。同《おな》じ 道《みち》は 2回《かい》 通《とお》れません。

たびの 思《おも》い出

26

4 まこさんと あつやさんが はくぶつかんで 地そうの もけいを 見学しています。
（　）の 中から 正しい ことばを 1つずつ えらんで，○で かこみましょう。

27

実際は，海だけではなく陸地や川などいろいろな場所から蒸発します。

アサリの化石は，地層が堆積した当時の環境を知ることができる示相《しそう》化石です。

アンモナイトの化石は，地層が堆積した時代を知る手がかりとなる示準《しじゅん》化石です。

《保護者の方へ》

主に陸地から流水によって運ばれた土砂が海底で堆積することで形成された地層の中で，生物の死骸や痕跡が残ったものが化石です。地層や化石は，昔の地球の様子を知ることができる貴重な資料であることを話してみるとよいでしょう。

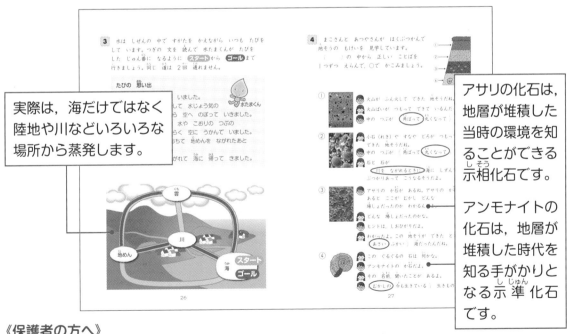

2 りか クイズ

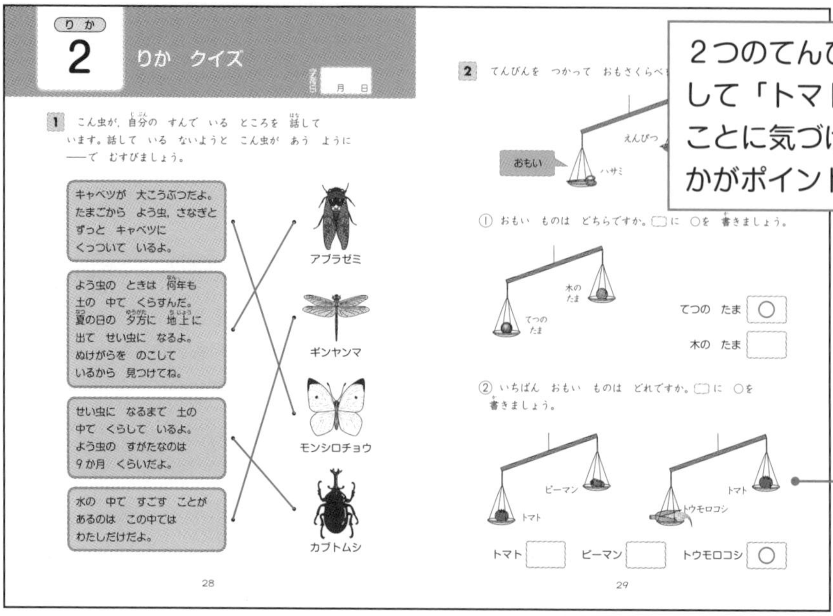
りか
2
りか クイズ
学習日　　月　日

1 こん虫が，自分《じぶん》の すんで いる ところを 話《はな》して います。話して いる ないようと こん虫が あう ように ――で むすびましょう。

キャベツが 大こうぶつだよ。たまごから よう虫，さなぎと ずっと キャベツに くっついて いるよ。

よう虫の ときは 何《なん》年も 土の 中で くらすんだ。夏《なつ》の日の 夕方《ゆうがた》に 地上《ちじょう》に 出て せい虫に なるよ。ぬけがらを のこして いるから 見つけてね。

せい虫に なるまで 土の 中で くらして いるよ。よう虫の すがたなのは 9か月 くらいだよ。

水の 中で すごす ことが あるのは この中では わたしだけだよ。

アブラゼミ

ギンヤンマ

モンシロチョウ

カブトムシ

28

2 てんびんを つかって おもさくらべ

えんぴつ

おもい

ハサミ

① おもい ものは どちらですか。□に ○を 書《か》きましょう。

木の たま

てつの たま

てつの たま ○

木の たま □

② いちばん おもい ものは どれですか。□に ○を 書《か》きましょう。

ピーマン

トマト

トマト

トウモロコシ

トマト □　ピーマン □　トウモロコシ ○

29

2つのてんびんに共通して「トマト」があることに気づけるかどうかがポイントです。

《保護者の方へ》 [1]は，昆虫の成長とすみかについて，考えます。成虫は知っていても，幼虫を見たことがない場合は，図鑑やインターネットなどで写真を見て確認するとよいでしょう。[2]は，２つのものの重さをてんびんを使って比較します。わりばしと糸などで簡単に作ることもできるので，実際に作って試してみるとイメージしやすくなるでしょう。

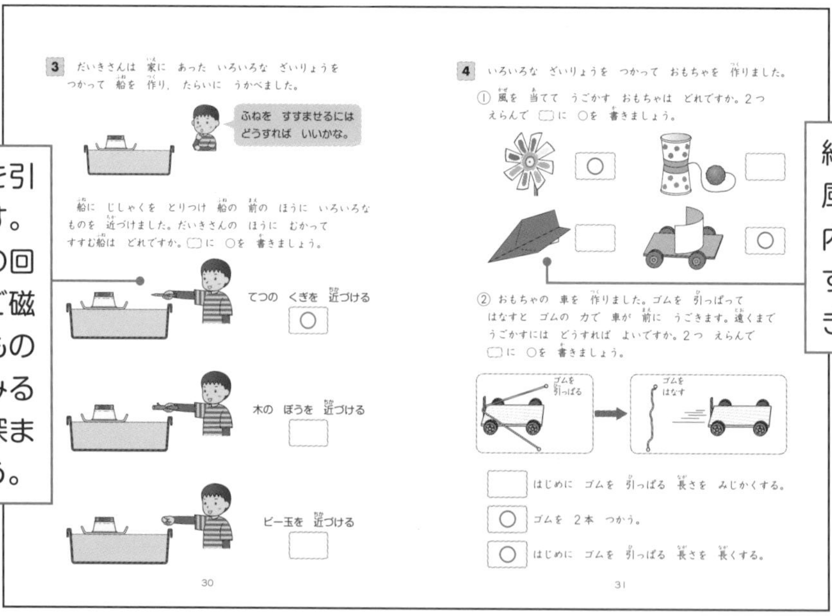
3 だいきさんは 家《いえ》に あった いろいろな ざいりょうを つかって 船《ふね》を 作《つく》り，たらいに うかべました。

ふねを すすませるには どうすれば いいかな。

船《ふね》に じしゃくを とりつけ 船《ふね》の 前《まえ》の ほうに いろいろな ものを 近《ちか》づけました。だいきさんの ほうに むかって すすむ船《ふね》は どれですか。□に ○を 書《か》きましょう。

てつの くぎを 近《ちか》づける ○

木の ぼうを 近《ちか》づける □

ビー玉を 近《ちか》づける □

30

4 いろいろな ざいりょうを つかって おもちゃを 作《つく》りました。

① 風《かぜ》を 当《あ》てて うごかす おもちゃは どれですか。2つ えらんで □に ○を 書《か》きましょう。

○　□

□　○

② おもちゃの 車を 作《つく》りました。ゴムを 引《ひ》っぱって はなすと ゴムの 力で 車が 前《まえ》に うごきます。遠《とお》くまで うごかすには どうすれば よいですか。2つ えらんで □に ○を 書《か》きましょう。

ゴムを 引っぱる

ゴムを はなす

□ はじめに ゴムを 引《ひ》っぱる 長《なが》さを みじかくする。

○ ゴムを 2本 つかう。

○ はじめに ゴムを 引《ひ》っぱる 長《なが》さを 長《なが》くする。

31

磁石は鉄を引き付けます。実際に身の回りのもので磁石につくものを探してみると理解が深まるでしょう。

紙飛行機は風のない室内でも飛ばすことができます。

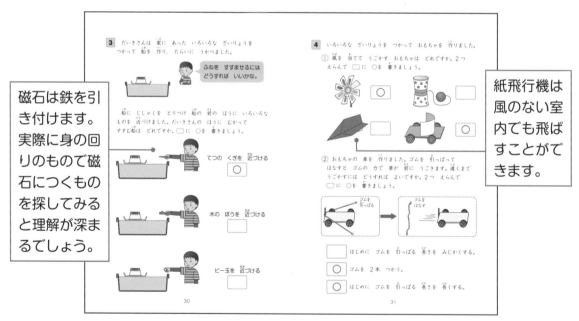

《保護者の方へ》 [4]の①の右下で扱っている車のおもちゃは帆で受けた風の力で，②の車のおもちゃはゴムの力で前に進みます。風やゴムには，ものを動かす力があることに気づけるとよいでしょう。ものを動かす力を強くするためには，どうすればよいかについても考えられると理解が深まります。

1 しゃかい　クイズ

しゃかい 1 しゃかい　クイズ

学習日　月　日

1 スーパーマーケットの 野《や》さいと くだものの 売《う》り場《ば》です。それぞれの ねふだに 書《か》かれている ことについて，あとの もんだいに 答《こた》えましょう。

高い・安いなど「値段の違い」に着目していれば正解です。

① この 売り場の ねふだに 書かれて いる ことから わかる ことで 正しい ものには ○を，まちがって いる ものには ×を つけましょう。

（ ○ ）この 売り場の さつまいもは さいたまけんで 作《つく》られて いる。
（ ○ ）この 売り場では，日本《にほん》で 作られて いる ものの 中で，米が いちばん ねだんが 高《たか》い。
（ ○ ）外国《がいこく》から はこんで きた くだものや 野さいが 売られて いる。
（ × ）作るために 何《なん》か月《げつ》 かかったかが わかる。

② ほっかいどうが さん地《ち》の しなものを ２つ，□の 中に 書きましょう。

にんじん　じゃがいも

③ 外国から 船《ふね》や ひこうきで 日本に はこんで きた ものが ２つ あります。その しなものの 名前《なまえ》を□の 中に 書きましょう。

ぶどう　かぼちゃ

④ さん地が ちがう ２つの ぶどうの ねふだを 見ると，どんな ちがいが わかりますか。ちがいを□の 中に 書きましょう。

（例）さん地が　ちがうと　ねだんも ちがっている。

33

《保護者の方へ》

スーパーマーケットで売られている農作物の値札から読み取れる情報について考える問題です。作物によって産地が異なること，日本が輸入している作物や国産との価格差などに興味をもつと，視野が広がります。

2 お米《こめ》が できるまでの しごとや 田んぼの ようすを カレンダーに まとめました。また，それぞれの 時《じ》きの ようすを 下の **ア〜カ**の ６まいの 絵《え》に かきました。

米づくりカレンダー	
3月	いねの なえを そだてる。
4月	田んぼを たがやす。
5月	
6月	ざっ草を ぬいたり ひりょうを まいたり する。
8月	いなほが 出て いねが みのり はじめる。
9月	みのった いねを かりとる。

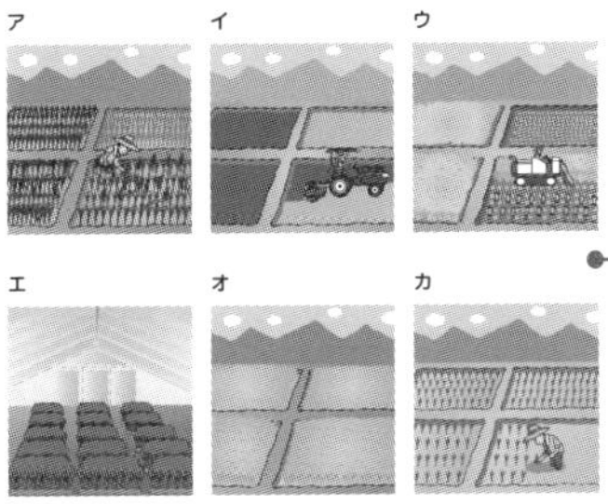

34

① 米づくりカレンダーの □に 入る ５月の しごとを 正しく せつ明《めい》 して いる 文を １つ えらんで，（ ）の 中に○を 書きましょう。

（　）いねが 虫に 食《た》べられないように くすりを まく。
（ ○ ）田んぼに 水を 入れて いねの なえを うえる。
（　）もみがらを とりのぞいて 白い お米に する。

② ６まいの 絵を お米が できるまでの じゅん番《ばん》に ならべます。正しい じゅん番に なるように，**ア〜カ**の 記ごうを，□の中に 書きましょう。

エ → イ → カ → ア → オ → ウ

③ つぎの しごとを するのは 何月《なんがつ》ですか。 あてはまる 月を，（ ）の 中に 書きましょう。

（ 3 月）ビニールハウスで たねもみを まいて，いねの なえを そだてる。
（ 9 月）きかいを つかって いねを かりとり，しゅうかくを する。

米作りは多くの作業が機械を使って行われています。

《保護者の方へ》

米は４７都道府県すべてで作付けされており，南北に長い日本列島の気候の違いから田植えや収穫の時期，作付けの手順などに差異があります。米作りは農家の工夫と多くの作業の積み重ねによって成り立っていることを理解しましょう。

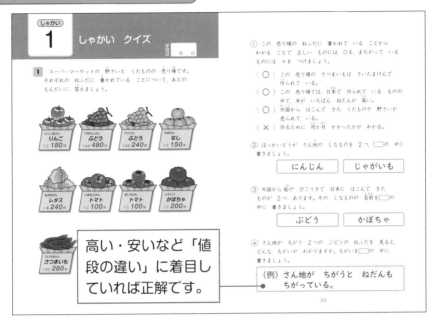

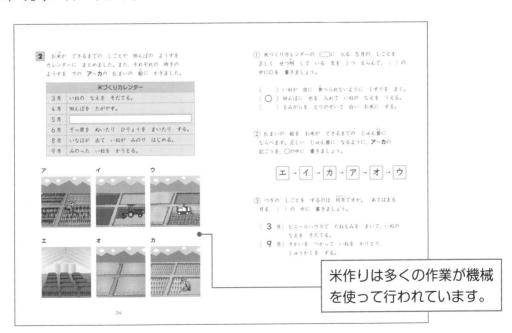

2　しゃかい　クイズ

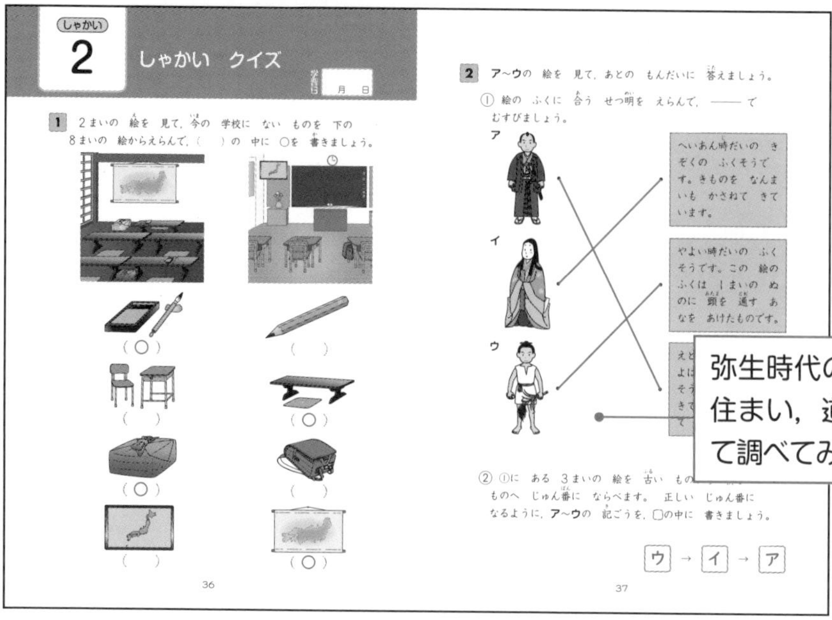

弥生時代の暮らしや住まい，道具について調べてみましょう。

《保護者の方へ》　1はお子さまの生活の場である学校と，勉強に関わる身近な道具について，昔と今の違いを考えさせる問題です。2では３つの時代の特徴的な服装を取り上げましたが，同じ時代でも職業や身分によって服装が異なっていることを，さらに調べてみるとよいでしょう。

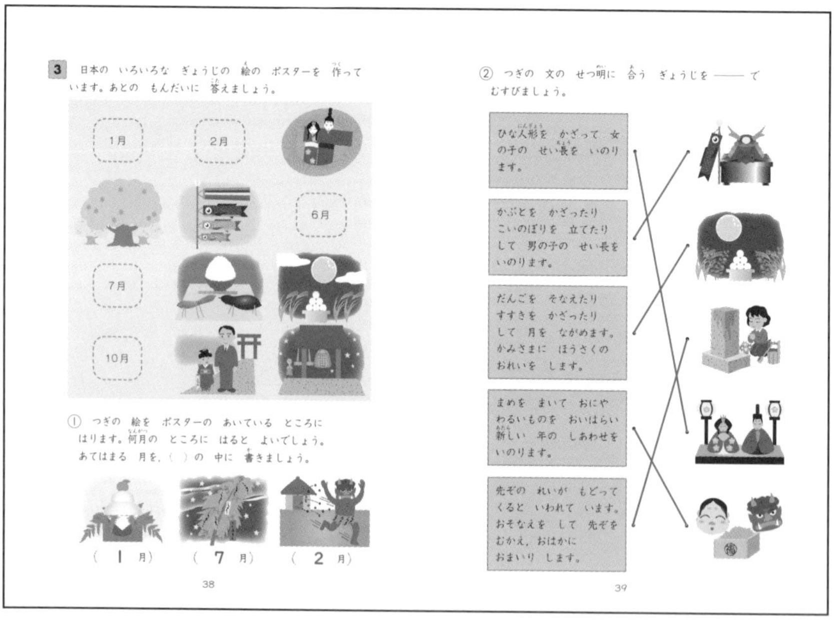

《保護者の方へ》　日本の伝統行事について，お子さまにもなじみが深いものを取り上げました。行事そのものや食べ物，飾り物についてひとつひとつ由来と意味があることを話してみましょう。ここで取り上げた行事のほか，地域の伝統的な祭りや歴史的な建造物について興味をもつようにすると，将来の歴史や地理の学習に役立ちます。

5 かくにん テスト

答え

1 (1) 電池 (2) 楽 (3) 弓 (4) 強 (5) 岩石 (6) 南北 (7) 谷 (8) 遠足 (9) いもうと (10) しる

2 (1) **ア** かく（書く） **イ** つける
(2) **ア** かぶる **イ** きる

3 (1) ○ (2) × (3) ○ (4) × (5) ○

4 (1) ❶ アイマーきかん ❷ ア
(2) におい
(3) **ア** × **イ** × **ウ** ○

考え方

2 同じ言葉でも、どのような文で使われるかによって意味が変わり、反対の意味の言葉が変わることがあります。文全体の意味を考えて、反対の意味の言葉を探すようにしましょう。

3 (1)「糸を結ぶ」・「糸をほどく」、(3)「部屋が暗い」・「部屋が明るい」、(5)「時間に遅れる」・「時間に間に合う」などのように使われます。(2)は「寒い」と「涼しい」が同じような意味、(4)の「長い」と「広い」では、反対の意味になりません。

4 (1) ❶ ――①に続く部分を読み進めていくと、6・7行目に「これは『アイマーきかん』と　よばれる　もので」という表現があります。

❷「アイマーきかん」について説明されている最初の段落をしっかり読みましょう。4・5行目に、「このそうちは　光を　かんじるのではなく」と書かれているので、**ア**は間違いです。**イ**・**ウ**は、7～9行目に「とても　弱い　かんしょくや　ゆれを　かんじて、のうに　つたえます」とあるので、正解です。

(2) ②の前後の段落の話題をおさえましょう。②の前の段落で「……たよりになる　かんかくの　ひとつに『におい』があります。これは　どうでしょうか？」とそれまでの話題と切り替えています。そして、②を含む段落以降、「におい」の感覚について考察を述べています。したがって、②には「におい」が入ります。

(3) **ア** 目かくしをしたときのことが書かれた部分を読むと、15～20行目で、手の感覚を頼りにして、ものの感触や大きさ、固さなどで何を触っているかが想像できるということが書かれています。一方、29～31行目では、人間が鼻の感覚を頼りにしていることは書かれていますが、それを「手」の感覚と同じくらい頼りにしているとまでは書かれていません。

イ 36・37行目で、畑に薬をうめることについては書かれていますが、それでモグラがいなくなってしまうかどうかについては「どうなのでしょうか」と書かれており、答えは出ていません。

ウ 最後の段落に書かれた内容と合っています。

4 かくにん テスト

答え

1 (1) 公園　(2) 雲　(3) 画家　(4) 羽
(5) 合図　(6) 交　(7) 台風　(8) 顔
(9) はくまい　(10) きょうしつ

2 (1) お父さんと、友だちのおみまいにびょういんへ行きました。
(2) ぼくは青いボールペンと、ふでばこを買ってもらった。

3 なぜなら。→ なぜなら、
作ることもある、→ 作ることもある。
「ごはんを作ってくれて　たすかるわ。」
「どんどんりょうりが上手になるなあ。」
よろこんでもらえると。→ よろこんでもらえると、
とてもうれしい、→ とてもうれしい。

4 (1) おとうさん・おばけやしき
(2) ❶ わるいよかん　❷ トラブル・せきにんしゃ
(3) **ア**

考え方

2 (1) 「、」がないと、〈お父さんと友だちの両方が病院に入院していて、その二人のおみまいに行った〉という意味にもとれてしまいます。
(2) 「、」がないと、「青い」がボールペンとふでばこの両方を修飾しているようにもとれてしまいます。

3 「、」は、文の意味の切れ目を示したり、読みやすくしたりします。「。」はそこで文が終わっていることを示します。まだ文が続いているところは、「。」ではなく「、」を書きましょう。だれかが話した部分は、直後の「と」を目印にして探すとよいでしょう。

4 (1) ひろとが興奮してしまうような出来事や予定を探しましょう。問題文最初の1～3行目に、「おとうさんと　いっしょに　おばけやしきに　いく　日よう日に　なりました」と書かれています。
(2) ❶ ――②のすぐ後に、「ひろとは　なんだか　わるい　よかんが　して　耳を　すましました」とあり、ひろとが電話のベルを聞いてどう感じたかが書かれています。気持ちを聞かれているので、「わるい　よかん」だけを抜き出しましょう。
❷ 20行目の「すぐに　いきます！」というお父さんの返事の後に、ひろとの心の声が続き、その後の25～27行目にどんな理由で電話がかかってきたのかが書かれています。
(3) 32～37行目のひろとの心の声から、興奮して朝早く目が覚めるほど待ち遠しかったお父さんとの約束が破られ、だめになってしまったので、悲しくて泣いていることがわかります。
イは「まちどおしかった」、**ウ**は「かわいそうに　思った」という内容が問題文に書かれておらず、ひろとが泣いている理由になりません。

3 かくにん テスト

答え

1 (1) 親切　(2) 計算　(3) 帰　(4) 弱音
(5) 父母　(6) 生活　(7) 馬　(8) 校門
(9) あ　(10) はんし

2 (1) ないだろう　(2) そうだ　(3) だろう
(4) ならば　(5) ようだ

3 (1) (例) (ちゅう文のあった) りょうりを作るしごと。
(2) (例) おきゃくさまのちゅう文を聞いたり、でき上がったりょうりをおきゃくさまに出したりするしごと。
(3) (例) りょうりをいつも同じあじになるように作ること。
(4) ア ×　イ ×　ウ ○

考え方

2 うしろに決まった言い方が必要な副詞はまとめて覚えておきましょう。

> 例
> まさか～ないだろう
> どうやら～のようだ／そうだ（らしい）
> たぶん～だろう
> もし～ならば
> まるで～ようだ（みたいだ）

3 (1) あいさつをした後、とおるさんが「山下さんは、レストランで　どんな　しごとを　して　いるのですか」と聞いています。それに山下さんが答えている言葉を見ると、8・9行目に「りょうりを　作る　しごと」とあります。

(2) 山下さんの仕事は「りょうりを　作ること」である、というやりとりをふまえて、とおるさんから山下さんへの二つ目の質問は10～12行目で「レストランの　人は、りょうりを　作る　いがいに、どんな　しごとを　して　いるのですか」となっています。これに対して山下さんは、「おきゃくさまの　ちゅう文を……しごとです。」と答えています。「どんなしごと」と聞かれたら、文末は「～しごと」とまとめて答えるようにしましょう。

(3) 26・27行目の質問で、とおるさんが「しごとを　して　いて、たいへんな　ことは　どんな　ことですか」と聞いています。これに対して山下さんは、28・29行目で「りょうりを　いつも　同じ　あじに　なるように　作ることです。」と答えています。「どんなこと」と聞かれたら、文末は「～こと。」とまとめて答えるようにしましょう。

(4) **ア** 山下さんは、レストランの人のやっている二つの仕事について、どちらが難しいかなどとは言っていませんので、×です。
イ 山下さんは、お客様に料理を出す仕事を自分がやりたいとは言っていませんので、×です。
ウ 33・34行目の最後の質問に対して、山下さんは「自分の　作った　りょうりを　おいしいと　言って　もらえるのが、やっぱり　いちばん　うれしいですね。」と答えているので、○です。

2 かくにん テスト

答え

1 (1) 母親 (2) 絵画 (3) 少 (4) 交番
(5) 引力 (6) 組 (7) 肉声 (8) 売買
(9) ちゅうしょく (10) ちず

2 山のぼり~~え~~↓へ　ちょ~~お~~ど↓う　~~ち~~しん↓じ

3 (1) **ア** タ **イ** 友 (2) **ア** 天 **イ** 店
(3) **ア** 字 **イ** 自

4 (1) **イ** (2) (例) 二どとねこをひろわない
(3) たすけて！ しんじゃうよ！ (4) ウ

考え方

2 名詞（ものの名前）のあとにつく場合は「え」ではなく「へ」を使います。オ列の長音は「こおり」「とおく」などの例外を除き、「う」で書きます。「ぢ」は「ちぢむ」のように同じ音が続く場合の二文字目や、「はなぢ」のように「ち」で始まる言葉が他の言葉のあとにつながる時に用いる場合がありますが、それ以外の場合は、ふつう「じ」で書きます。この使い分けは「づ」と「ず」も同様です。

3 同じ読み方でも意味によって漢字を使い分けるので、その漢字を使う言葉や文で覚えましょう。

> 例 「かい」…「回」「会」「貝」「海」「絵」など。
> 「こう」…「校」「高」「考」「公」「工」など。

4
(1) 2〜6行目に、雨が降ってきて「あたし」が軒下にかけこんだ場面が書かれています。その部分と同じ内容が書いてあるものを選びましょう。
アは、「学校から」という部分が誤りです。
ウは、「ビルの 自てん車おき場に かけこんだ」という部分が誤りです。

(2) 「あたし」が見ないふりをした理由はいくつか書かれていますが、ここでは「かあさん」としていた約束を答える必要があります。28行目に「やくそく」という言葉があり、その直前に約束の内容が書かれています。「ねこ」という言葉を補ってまとめるとよいでしょう。

(3) ねこの声について書かれているところを意識しながら読むと、36行目に「たすけて！ しんじゃうよ！」という、ねこの心の声（実際に声がしたのではなく、「あたし」がそのように想像した）があります。ここを抜き出しましょう。

(4) 「耳を ふさいで」とあることから、聞きたくないことがあったと読み取れます。――③の直前の場面では、「あたし」にはねこの声が聞こえていたので、「あたし」はねこの声を聞きたくないと考えていることがわかります。それは、かわいそうだと思うけれど助けてあげられないからです。
アは、ねこの声のことが書かれていません。
イは、ねこがかわいそうだという「あたし」の気持ちとは関係のないことが書かれています。

1 かくにん テスト

答え

1 (1) 鳴　(2) 茶色　(3) 手首　(4) 星空
(5) 雪国　(6) 細・道　(7) 教科　(8) 用心
(9) きんぎょ　(10) けいと

2 (1) しゅ語↓風が　じゅつ語↓ふく
どんな↓強い　どのように↓ざわざわと
(2) しゅ語↓字は　じゅつ語↓きれいだ
だれが↓姉が　どうした↓書いた
(3) しゅ語↓あれは　じゅつ語↓絵だ
だれが↓ぼくが　どうした↓かいた

3 (1) イ
(2) のどのしくみ・(ひとほど) さまざまな声をだせない
(3) 口や耳のふじゆうなひと・手
(4) ア ×　イ ○　ウ ×

考え方

2 まずは文全体の終わりにきている述語をつかみ、「どうする／どうした」という形であれば「何（だれ）がしているのか」を、「どんなだ」という形であれば「何がそのような様子なのか」を考えて主語をつかみましょう。必ずしも文の最初の語が主語というわけではないので、(2)のような文では間違えないように気をつけましょう。主語だけを答える場合でも、述語をおさえてから考えることが大切です。

3 (1) 第一段落に、チンパンジーの気持ちの伝え方が書かれています。5〜9行目に、「目を　見つめかえして　きます」、「目を　見つめあうことで……つたえられるように　なります」とあるので、イの「目を　あわせて　つたえる」と内容が一致します。

(2) ——①「なかなか　うまく　ゆきません」の次の文に、その理由がくわしく書かれています。チンパンジーと人間の違うところは何か、と探していくと、18〜20行目に「のどの　しくみが　ちがって　いて、ひとほど　さまざまな声を　だせないのです。」という箇所が見つかります。

(3) ——②を含む第三段落のはじめから読むと、手話は「口や　耳の　ふじゆうな　ひと」が、「声の　かわり」に「手」を使って話すのが「手話」であるとわかります。

(4) ア　1〜3行目に、「ひとが　じっと　目を　見つめると、ニホンザルならば、目を　そらしたり、おこったひょうじょうを　する」と書かれているので、「ニホンザル」が「おこらない」というのは正しくありません。

イ　5〜9行目の文に、「長く　つきあって　いると、……したしい　気もちを　つたえられるように　なります」と書かれています。

ウ　最後の文に「すこしは　つかえるように　なるかもしれません」と書いてありますが、これは「手話を上手につかって話すことができる」とまでは言っていないので、間違いです。

■単元一覧

●丸数字の番号は，大問番号を表しています。
●教科書や『Z会グレードアップ問題集』（別売り）などで復習する際は下記をご参照ください。

	第１回	第２回	第３回	第４回	第５回
算数	❶❷たし算とひき算の筆算 ❸時刻と時間 ❹三角形と四角形 ❺２桁の数のひき算	❶分数 ❷３桁の数 ❸長さ ❹❺かさ ❻カレンダーのきまり	❶❷大きい数のたし算とひき算 ❸加法逆の減法 ❹折り紙 ❺時間，長さ	❶❷❸かけ算 ❹100より大きい数 ❺上からみた形 ❻かけ算	❶❷❸かけ算のきまり ❹減法逆の加法 ❺展開図 ❻長文の文章題
国語	❶漢字 ❷主語・述語・修飾語 ❸説明文（話題をとらえる）	❶漢字 ❷かなづかい ❸同じ音の言葉 ❹物語（場面をおさえる）	❶漢字 ❷きまった言い方をする言葉 ❸インタビュー	❶漢字 ❷❸、。「」のつかい方 ❹物語（気持ちを読み取る）	❶漢字 ❷❸対義語・類義語 ❹説明文（総合）
さきどり理科	❶昆虫の育ち方 ❷昆虫のからだのつくり ❸水のすがた ❹地層	❶昆虫のすみか ❷ものの重さ ❸磁石につくもの ❹風とゴムの力			
さきどり社会	❶値札からわかること ❷お米ができるまで	❶学校の昔と今 ❷衣服の昔と今 ❸日本の行事			

Z-KAI